C.H.BECK  WISSEN

in der Beck'schen Reihe

Heinrich von Kleist hat von seiner Dichtung gesagt, «in der Kunst kommt es überall auf die Form an, und Alles, was eine Gestalt hat, ist meine Sache.» Hans Joachim Kreutzer widmet seine Aufmerksamkeit in erster Linie der «Verfahrungsart» des Dichters, Kleists Zweifeln gegenüber den Weltverhältnissen und nicht zuletzt seiner Lust am Widerspruch, ja an der Provokation.

Hans Joachim Kreutzer, em. Professor für Deutsche Philologie der Universität Regensburg, war 1978–1992 Präsident der Heinrich von Kleist-Gesellschaft. Er gründete 1980 das Kleist-Jahrbuch, gab es bis 1996 heraus, 1985 rief er den Kleist-Preis wieder ins Leben. – Bei C.H.Beck erschien 2003: *Faust. Mythos und Musik.*

Hans Joachim Kreutzer

HEINRICH VON KLEIST

Verlag C.H.Beck

Originalausgabe
© Verlag C.H.Beck oHG, München 2011
Satz: Fotosatz Reinhard Amann, Aichstetten
Druck und Bindung: Druckerei C.H.Beck, Nördlingen
Umschlagabbildung: Miniatur von Peter Friedel, 1801
© bpk / SBB / Ruth Schacht
Umschlagentwurf: Uwe Göbel, München
Printed in Germany
ISBN 978 3 406 61240 4

www.beck.de

Inhalt

*

Kleists Werke und Briefe werden zitiert nach der Ausgabe des Deutschen Klassiker Verlages in vier Bänden, hg. von Ilse-Marie Barth, Klaus Müller-Salget, Stefan Ormanns und Hinrich C. Seeba (1987–97). Wo der Text dieser Edition von dem in Handschriften oder Drucken überlieferten abweicht, wurde die originale Form wiederhergestellt. In ihrer Edition der Briefe (Bd. 4) z. B. haben die Herausgeber das von Kleist in Privatbriefen oft gebrauchte Kürzel für «und» mit einem u wiedergegeben, das ist hier aufgelöst. Einfache Stellenangaben erscheinen direkt im Text, stets nur der Zitatbeginn. Dokumente sind nach den bekannten Sammlungen Helmut Sembdners mit Siglen angeführt: LS für *Heinrich von Kleists Lebensspuren*, 7. erw. Aufl. (1996), und N für *Heinrich v. Kleists Nachruhm* (1984), falls erforderlich nach Korrektur auf Grund der Originale. Mit Sigle (KJb) wird auch das Kleist-Jahrbuch zitiert.

Aufrichtiger Dank gilt Sergej Liamin, der mich über die Klippen und Untiefen von Quellenbeschaffung und Elektronik kompetent und geduldig begleitet hat.

I. Einleitung

Der Dichter Heinrich von Kleist ist mehrmals von neuem und in unterschiedlichen Rollen auf der Bühne des literarischen Lebens erschienen. Zu seinen Lebzeiten galt er als bemerkenswertes Talent, seinem persönlichen Auftreten nach als unstet, wo nicht exzentrisch. Seine Dichtungen wurden immer wieder, und das bis heute, unter Vorzeichen aufgenommen, die nicht miteinander zu vereinen waren. Die zeitgenössischen Äußerungen über ihn, Rezensionen etwa, in denen wahre und angemessene Wertschätzung zum Ausdruck kam, überwogen deutlich. Seine Dramen aber, vielfach als der bedeutendste Teil seines Schaffens angesehen, brachte man so gut wie nicht auf die Bühne, die antikisierenden als letzte, obwohl sie zu seinen Lebzeiten literarisch am ehesten gewürdigt worden waren. Die «Entdeckung» Kleists vollzog sich in einem langsamen Prozess. Zu bleibender Berühmtheit gelangte er um die Zeit von deutsch-französischem Krieg und Reichsgründung, unter einem vereinseitigenden Vorzeichen, nämlich durch direkte Gleichsetzung der Römer in Kleists *Herrmannsschlacht* mit den Franzosen als dem Erbfeind. Im Werk Kleists erscheint jedoch lediglich Napoleon als Verkörperung des Bösen, diese von allerdings endzeitlichem Format. Seither ist Kleist immer wieder als Spielball einander widersprechender Ideologien benutzt worden, vielfach durch politische Instrumentalisierung. Der sachlich und würdig formulierte Gründungsaufruf der früheren Kleist-Gesellschaft, Februar 1922, schließt unvermittelt und ohne Zusammenhang mit dem Satz: «Zu Kleist stehen heißt deutsch sein!» Kleists Dichtung war aber ihrer ganzen Substanz nach europäisch. Kein Denker hatte für ihn größere Bedeutung als Jean-Jacques Rousseau. Die Literarästhetik im deutschen Sprachraum war um 1800 an ihrer Basis von Kategorien Goethes geprägt, zu denen Kleist nach Alternativen bisweilen fast zu suchen schien. Auch bei der Nachwelt standen überwiegend solche Dichter in Geltung, denen die allgemeine Achtung schon im Zeitalter von Klassik und Romantik sicher gewesen war. Das setzte Vorbildlichkeit voraus. Die aber hatten in traditioneller Deutung Geistes- und Gemütskranke, Mörder und Selbstmörder nicht aufzuweisen. In die Walhalla gelangten weder Hölderlin noch Kleist.

Die vielfach unglücklichen Geschicke, die Kleists Werk bis in unsere Gegenwart durchlebt hat, sind immer wieder von den Zeitumständen mitbestimmt worden. Die nach dem Zweiten Weltkrieg neu gezogenen politischen Grenzen schnitten tief in gewachsene kulturelle Traditionen ein. Frankfurt an der Oder, Kleists Geburtsstadt, geriet in eine extreme Randlage, die deutsch-polnische Grenze teilt jetzt sogar die Stadt selber. Einen autorbezogenen archivalischen oder bibliothekarischen Fundus hat es dort nie gegeben. Er existierte früher einmal in Berlin. Auch diese Stadt aber wurde geteilt, und den von Bibliothekaren im Laufe eines guten Jahrhunderts sorgsam gesammelten künstlichen Kleist-Nachlass hatte man beim Einsetzen des Bombenkrieges zusammen mit dem Handschriftenbestand der Preußischen Staatsbibliothek nach Schlesien, Schloss Fürstenstein bei Liebichau im Kreis Waldenburg, ausgelagert. Glückliche Umstände gestatteten polnischen Bibliotekaren, die mehr als 500 Kisten, «das geistige Tagebuch der Deutschen» hat man ihren Inhalt genannt, dem möglichen Zugriff der Roten Armee zu entziehen, indem man den Schatz von einer Zwischenstation, der Klosterkirche Grüssau, nach Krakau in die Bibliothek der Jagiellonen Universität brachte. Dort wurde, nach dem Vorgang der Mozart-Philologie, 1981 bei der Suche nach den Kleist-Handschriften auch der Gesamtbestand wiederentdeckt und ist seither zugänglich.

II. Lebensphasen

Einer Lebensbeschreibung Kleists stehen zahlreiche Hindernisse entgegen. Nicht alleine schierer Mangel an Zeugnissen und Dokumenten, sondern auch ihre ungleiche Streuung werfen kaum zu lösende Probleme auf. Über lange Zeitstrecken, bisweilen ganze Jahre, sind keine Nachrichten vorhanden. Gelegentlich drängen sich dann die Einzelheiten geradezu, weisen jedoch keinen Zusammenhang auf. In der Lebenszeit Kleists, er hat seinen 34. Geburtstag noch erreicht, macht seine Schriftstellerexistenz gerade einmal ein Jahrzehnt aus. Fülle und Vielfalt des Geschaffenen bleiben vor diesem Hintergrund unbegreiflich. In der Musikgeschichtschreibung ist schon vor Jahrzehnten die Frage aufgekommen, welchen Sinn die Biographie hat. Carl Dahlhaus hat sie 1974 zugespitzt: «Wozu noch Biographien?» Zwar stellt sich für die Dichtung die Frage anders, ihr Recht aber hat sie dort gleichfalls. Wer es riskiert, einen Lebensumriss Kleists zu zeichnen, muss sich hüten, Selbstaussagen als Dokumente zu behandeln. Es sind vielfach Wünsche und Vorsätze.

Dem Jahrzehnt der Dichtung (1801–1811) gingen für Kleist voraus drei Semester Universitätsstudium und sieben Jahre Militär. Über die eigentliche Kindheit lässt sich kaum das Nötigste sagen, so dass nach heutiger Einsicht die Entwicklung der Persönlichkeit weitgehend aus dem Spiel bleiben muss. Nur größere Phasen seien vorsichtig skizziert. – Es ist ein Omen für die Verwirrnisse der Überlieferung, dass schon über den Tag der Geburt dieses Dichters Unsicherheit herrscht. Kirchenbuch und Taufzeugnis nennen den 18. Oktober 1777, aber ein Satz in Kleists Brief aus Würzburg vom 10. Oktober 1800 lässt sich wie eine Korrektur dazu ansehen: «Ja, mein Geburtstag ist heute [...].» Die Wortfolge, die Endstellung von «heute», ist ungewöhnlich, normal wäre «heute ist mein Geburtstag». Das ließe sich auch als Bekenntnis zu einer neuen, der wahren Bestimmung auffassen. Nach einem doppelten, spirituellen Wortsinn bleibt bei aus pietistischer Prägung Hervorgegangenen beständig zu fragen. Kleists Brief vom 10. Oktober 1801 aus Paris enthält denn auch eine Aussage in diesem Sinne. Die Wissenschaften habe er «ganz aufgegeben», schreibt er da seiner Braut. «Ich habe mir, da ich unter den Menschen in dieser Stadt so wenig für mein Bedürfniß finde, in einsamer Stunde (denn ich gehe wenig aus) ein Ideal ausgearbeitet; [...].» Das möchte man auf die Skizze *Die Familie Thierrez* zu Kleists erstem Großwerk, dem Drama *Die Familie Ghonorez / Schroffenstein*, beziehen.

Nur noch ein oder zwei weitere Familien haben Brandenburg-Preußen so viele Offiziere gestellt, wie die Kleistsche, bis zu den Spitzen der Generalität, oftmals hoch dekoriert, über Jahrhunderte hin. «Familie» als Struktur liegt fast allen Dichtungen Kleists zum Grunde, vielfach in auffällig gestörter oder zerstörter Form; unter den tragenden Denkfiguren dieses Dichters gebührt der Familie vornehmster Rang, ähnlich wie Natur, Eigentum, Krieg. Zu Lebzeiten Kleists dienten mehr als 50 Namensträger in der preußischen Armee. Wohlgemerkt: Das waren nicht einfache Soldaten, es waren gleichsam von Natur Offiziere. Das galt auch beim Dienstantritt des «Gefreiter-Korporals» Kleist 1793, mit einem etwas zu modernen Begriff ein «Offiziersanwärter». Ein solcher war etwas grundsätzlich anderes als ein «Gemeiner». In bevölkerungsstatistischen Angaben der Zeit werden so gut wie immer neben den Einwohnern die «Militärpersonen» gesondert aufgeführt. Das damalige Preußen hatte stets zwei Hauptstädte, Potsdam und Berlin. (Eine klassische Quelle: Friedrich Nicolais *Beschreibung der königlichen Residenzstädte Berlin und Potsdam*.)

Wenn man auf seinen Vater und dessen beide Ehefrauen blickt, hatte Heinrich von Kleist unter seinen unmittelbaren Vorfahren insgesamt drei Kriegersippen von altem Adel. Das bedeutete feste, ausschließende Eingebundenheit in dieses soziale Segment. Sich davon, in Worten Achims von Arnim «aus der alten Preußischen Mondirung», zu lösen, war kaum möglich. Der Vater, Joachim Friedrich von Kleist, hatte mit seiner ersten Frau, der sehr jung, mit neunzehn Jahren verstorbenen Caroline von Wulffen, zwei Töchter, eine davon war Ulrike, die dem Dichter am nächsten stehende familiäre Bezugsperson, in Abstützung wie Abhängigkeit. Ein Freund hat sie als «pyladisch» bezeichnet. Der zweiten Ehe, mit Juliane Ulrike von Pannwitz, die 1793 starb, entstammten drei Töchter und die beiden Söhne Heinrich und Leopold.

Joachim Friedrich war keine angepasste Karrierenatur. Karl Friedrich von dem Knesebeck, nachmals Generalfeldmarschall, erzählt in seinen Memoiren, ein eben ernannter Berichterstatter habe dem König bei der Berliner Heeresrevue 1782 unrichtig Mitteilung gemacht über die zwei Majore des Regiments, einer von ihnen war Joachim Friedrich von Kleist, worauf der König entschieden habe, diese «avancieren nicht zu Obrist-Lieutenants, weil sie sich nicht auf den Dienst appliciren». Der dienstälteste Major des Regiments sei Kleist jedoch geblieben, nur der Chef, Generalmajor Prinz Leopold von Braunschweig, und der Oberstleutnant von St. Julien rangierten vor ihm. Nach besagter Berliner Revue schrieb Kleists Vater dem König: «Euer Majestät sind Herr über mein Leben, aber nicht über meine Ehre. Ersteres habe ich nicht verwirkt, letztere ist gekränkt. Ich ersuche daher E.M. allerunterthänigst um meinen Abschied, empfehle der Vorsehung mich und die Meinigen und ersterbe EKM.» Der König hat Kleist mündlich gebeten, er möge im Dienst bleiben.

Der König tat gut daran, sich gegenüber einem Kleist zurückzuhalten. Einer der markantesten aus der Familie war Gottfried Arndt von Kleist, 1762 Generalmajor, erfolgreicher Chef eines Freiregiments. Übrigens der einzige Kleist, der in Berlin eine Art Denkmal erhielt, in der Sockelzone des Rauchschen Friedrich-Denkmals Unter den Linden. Die Freiregimenter, beim Hubertusburger Frieden 1763 aufgelöst, hießen in der Sprache der Zeit Partisanen, was Literarhistoriker unserer Tage, verleitet von der scharfsinnigen Schrift Carl Schmitts *Theorie des Partisanen*, gelegentlich ins Schleudern gebracht hat. Friedrich Wilhelm von Kleist hatte seinem Bruder Arndt 10 000 Taler geliehen, damit dieser sein Regiment bilden konnte. Dass er sie nach dem Friedensschluss zurückerbat, empörte Friedrich II. Die

Kleists sind durch Lessing in dessen *Minna von Barnhelm* gelangt. Dass Friedrich Wilhelm von Kleist das Stück bei seiner Silberhochzeit aufführen ließ, kann dem König das Herz nicht erwärmt haben.

Kleists Kindheit fand ihr Ende, als er 1793 in die Armee eintrat, in ein bemerkenswert teures Regiment, die Garde zu Fuß (Nr. 15), 3. Bataillon. Solcher Ehrgeiz verlangte von der Familie Opfer. Voran ging privater Unterricht. Zu den Merkzeichen Kleists als Person gehört religiös grundierte Erziehung durch seinen Hauslehrer Christian Ernst Martini. Der brandenburgische Adel war vom Pietismus geprägt. Kleists nachmalige Braut, Wilhelmine von Zenge, wurde dem Unterricht eines führenden Frankfurter Geistlichen, Ernst Heinrich Ahlemann, der theologisch-pädagogische Schriften publizierte, anvertraut. Der sprachliche wie literarische Unterricht Kleists bei Samuel-Henri Catel in der Berliner französischen Kolonie ist nach Inhalt, Datum und Dauer nicht bestimmbar. Catel rechnete zur Berliner Intelligenzschicht, er schrieb später für die *Vossische Zeitung*. Die Resultate der Übung in Stil und Lektüre sind nicht eindeutig. Kleists Briefprosa war anfangs grammatisch nicht sattelfest, und noch Jahre nach entsprechendem Unterricht in der Potsdamer Garnisonszeit blieb er in Casusfragen unsicher.

Zwei andere, bisher nicht beachtete Catels können für Kleist Bedeutung gehabt haben. Er hat 1801 in Dresden, auf der Parisreise mit seiner Schwester Ulrike, ernstlich erwogen, sich der bildenden Kunst zu widmen. Als Beispiele können ihm Samuel-Henri Catels Neffen, beide seines Alters, vor Augen gestanden haben, der Architekt Ludwig Catel (geb. 1776), Erfinder des Stuckmosaiks, und der Maler Franz Ludwig Catel (geb. 1778), der es in Italien zu beträchtlichem Ansehen brachte – noch 2007 hat man ihm in Rom eine Ausstellung gewidmet.

Im Rheinfeldzug während des 1. Koalitionskrieges geriet die Garde mehrfach an den Feind. Zwei Jahre stand Kleist im Kriege, von März 1793 bis März 1795. Dann folgten noch vier Jahre Garnisonsdienst – dies die nach seiner Aussage verlorenen Jahre seines Lebens, eine Äußerung indes aus einer Zeit ohne Berufs- oder Lebensziel. Der Literarhistoriker wird diese Wertung nicht übernehmen. Kleist wurde ein Kriegsdichter par excellence, nur wenige seiner Dichtungen kommen ohne im weitesten Sinne kriegerische, jedenfalls kämpferische Auseinandersetzungen aus. Auch die verschiedenen Formen des Rechtsstreits hat Kleist dem angeglichen. Doch über das, was er im Kriege selber gesehen, erlebt hat, lesen wir bei ihm nichts. Die Kriege in seiner Dichtung sind von ihm erdachte.

Die Beendigung der militärischen Karriere Kleists (1799) lässt sich nicht einsinnig erklären. Im Übergang eines Offiziers in den Zivildienst lag an sich nichts Ungewöhnliches, zumal wenn es bei einem inländischen «Dienst» blieb. Kleists Entschluss kann weitgreifend gedeutet werden, als generationstypisch vor dem Hintergrund des sozialen Militarismus (Vierhaus KJb 1980). Kleists Selbstdeutung lief auf Erfüllung seiner ganz persönlichen Bestimmung hinaus, die er vielleicht noch nicht konkret benennen konnte oder wollte. Ständegrenzen wurden von Kleists Schritt nicht berührt, ein Sicheinfügen ins Bürgerliche kam ihm nie in den Sinn. Die Ziele, die er für seine Entschlüsse angibt, sind von eigenartiger Unbestimmtheit, so in seinem von Zweifel und Skepsis geprägten Brief an Wilhelmine von Zenge vom 15. August 1801.

Kleists Studium, die kürzeste seiner Lebensphasen, wurde von der Forschung mit Bedeutsamkeit wohl überfrachtet. Einen Einblick bietet nur das letzte seiner drei Frankfurter Semester, und zwar weil Kleist die Namen der Dozenten, denen er Kolleggelder schuldete, in einem Brief (26. August 1800) nennt. Wen und was er sonst gehört hat, in den ersten beiden Semestern, lässt sich nicht ermitteln. Der Studiosus Kleist hätte schwerlich die Möglichkeit gehabt, unter den Dozenten eine gegründete Auswahl zu treffen. Er studierte mit all der relativen Buntheit in der Wahl seiner Kollegs, wie das damals üblich war. Für die literarisch Interessierten der Zeit war das Jurastudium das Normalstudium schlechthin. Kleist hat die Anspruchsvollsten in der Dozentenschaft vielleicht gemieden. Jedenfalls zollt er übermäßiges Lob dem in Materien wie Methoden unzuverlässigsten, aber aufs Publikum am meisten wirkenden der Dozenten, Christian Ernst Wünsch. Goethe hat sich zu wiederholten Malen, in

Vers wie Prosa, über den «wunderlichen Wünsch» mokiert (Meinel KJb 1996).

Nun hat Kleist die Universität Frankfurt/Oder als seine Alma mater nicht geradezu gewählt. Noch vor Aufnahme seines Studiums plant er, «nach Göttingen zu gehen, um mich dort der höheren Theologie, der Mathematik, Philosophie und Physik zu widmen» (an Martini, 19. März 1799). Kleists Bemerkungen zu universitären Verhältnissen sind mit Vorsicht zu beurteilen. Vergleiche hatte er keine, und diese ganze Welt war nicht nur neu für ihn, sie blieb ihm auch fremd. Die Universität Frankfurt war die älteste Brandenburgs. Sie pflegte aber keinen Austausch mit anderen Hochschulen, den Anschluss an jüngere Kommunikationsformen, etwa im wissenschaftlichen Zeitschriftenwesen, hat sie nicht mehr erreicht. In ihrem ganzen Zuschnitt ließe sie sich vielleicht mit Rinteln, Helmstedt, Duisburg, Dillingen vergleichen.

Die von der Oder geteilte Stadt – die östlich gelegene Dammvorstadt ist heute polnisch (Słubice) – hatte zu Kleists Zeit gut 8000 Einwohner, hinzu kamen etwa 2100 Soldaten. Garnisonsstadt war Frankfurt seit 1791. Ein Soldatenkind hatte keine «Vaterstadt» oder sonst emotional gefärbte Heimat. Kleist zählte zu den Militärpersonen, und die führten ihr Eigenleben. Das Denkmal Ewalds von Kleist, der 1759 an seinen in der Schlacht von Kunersdorf erhaltenen Wunden gestorben war, konnte für Heinrich von Kleist kein Wegzeichen gewesen sein. Dass er bereits während seiner Studienzeit die Absicht gehegt hätte, ein Dichter im Sinne seiner Epoche zu werden, ließe sich nicht erweisen. (Hierzu Kap. III: «Schreibereien».)

Kleists «Entschluß, den Abschied zu nehmen, um mich den Wissenschaften zu widmen» (an Martini, 19. März 1799), eine zweifellos vage Formulierung, musste gegen eine Vielzahl von «Einwürfe[n]» der Familie durchgesetzt werden. Diesen Kontrahenten ist Kleists Vormund, der Syndikus George David Friedrich Dames, zuzurechnen. Der Brief an Martini ist überwiegend dialogisch formuliert, in Fragen und Antworten, und gleichsam auf dem Kothurn, in gewählterer Sprache, als es die Sache erforderte. Mehr als zwei Jahre benötigt Kleist, um zur

Schriftstellerexistenz durchzustoßen oder auch nur darüber zu sprechen. Hinzu kam ein selbstgeschaffenes weiteres Problem: Im Frühjahr 1800 verlobte er sich mit Wilhelmine von Zenge, Tochter des Garnisonschefs, nachmals Ehefrau des Philosophen Wilhelm Traugott Krug, der in Königsberg zum Nachfolger Kants berufen wurde. Die warmherzige, aufrichtige junge Frau ist im – rein literarischen – Spiegel der Briefe Kleists, in denen ihr beständig abstrakte Rollen vorgezeichnet werden, kaum zu erkennen. Dieser Spiegel zeigt einzig einen künftigen Pater familias, der eine Mutter seiner Kinder zu formen sucht.

Die Verlobung wirkte als eine eigenartige Fessel. Kleist befreite sich von ihr in mehreren Schritten. Er unternahm zunächst eine bis heute gänzlich rätselhaft gebliebene dreimonatige Reise zusammen mit seinem Gefährten Ludwig von Brockes, die nach Würzburg führte. Was er über die Stadt berichtet, ist mit zeitgenössischen Beschreibungen nicht recht in Einklang zu bringen. – Ab September 1800 enthalten seine Briefe (so gut wie alle an Wilhelmine) eine lange Reihe von Variationen über Fluss- und Strombilder, die dem Umgehen oder Durchbrechen eines entscheidenden Hindernisses gelten. Auf das Vertrauen in die eigene Sendung spielt Kleist am 20. August 1800 mit einer Wendung aus Plutarchs *Caesar* an: «Denke, Du wärest in das Schiff meines Glückes gestiegen [...].» Mit dem 11. September 1800 setzt eine Kette von Andeutungen ein: «Ich denke diese Papiere einst für mich zu nützen.» Absurde Wartefristen, fünf Jahre, einmal auch zehn, mutet er seiner Briefpartnerin zu, bis sie begreifen werde, wie seine Andeutungen gemeint seien. Von Ulrike erbittet er Geld, Vorschüsse auf sein Erbe, und stellt die Stadt und ein Amt oder auch den Hof auf der einen Seite dem «freundlichen Thal», einer Hütte, den Wissenschaften, der Liebe auf der anderen einander gegenüber. Wie ein Basso ostinato durchzieht seine Briefe die Ablehnung eines jeglichen «Amtes». Ab 3. Dezember 1800 nimmt er hospitierend für etwa ein Vierteljahr an den Sitzungen der Technischen Deputation teil. Schon vorher, am 13. November, hatte er sich festgelegt: «Ich will kein Amt nehmen.» «Ich bilde mir ein, daß ich Fähigkeiten habe, seltnere Fähigkeiten, meine ich [...]. Da stünde mir nun für die

Zukunft das ganze schriftstellerische Fach offen.» Der Konjunktiv weist auf Unbestimmtheit des Ziels: Die junge Dame in Frankfurt hätte Grund gehabt, das Verlöbnis zu lösen. Ihrer bewundernswürdig nachgiebigen Geduld muss Kleist, um den Widerstand ihrer Sanftmut zu brechen, andere Mittel in Steigerung entgegensetzen.

In der Nachschrift zu einem Brief (23. März 1801) verklausuliert Kleist, «wenn Du es mir erlaubst», würde er nach Frankreich reisen. Mit «Reise» ist eine bildende gemeint, in Anlehnung an die Kavaliersreise alten Stils. Wilhelmine widerspricht nicht, Kleist muss stärkere Argumente aufbringen. Er hatte einen Zusammenbruch seines vom Palingenesie-Gedanken geprägten Weltbildes der Jugendzeit beklagt, unter dem Einfluss der «neueren sogenannten Kantischen Philosophie». Als auch das nichts hilft, lädt er Wilhelmine ein, mit ihm in der Schweiz ein kleines Gut zu führen: Die Generalstochter in einem landwirtschaftlichen Betrieb. Damit hat Kleist ihr selbst, und das schwerlich ohne Absicht, einen schlagenden Grund an die Hand gegeben, ihn um Rückkehr zu bitten. Er löst das Verlöbnis und kann oder muss von nun an sein Leben als ein Irrstern führen, der fast nur noch in dem existiert, was er schreibt.

Künstler in der Rolle von Wanderern sind keine Seltenheit. Für Mozart hat man errechnet, dass er mehr als die Hälfte seiner Jugend auf Reisen verbracht hat. Für Kleist wäre die Berechnung nicht möglich, zwar war er beständig unterwegs, doch ohne örtliche Fixierung. 1802 wählt Kleist die Insel bei Thun für seinen Aufenthalt. Nach Weimar, Oßmannstedt, Leipzig treiben ihn dann alleine seine schriftstellerischen Vorhaben. Als familiärer Druck ihn Anstellungen in Madrid, später in Franken, schließlich in Königsberg erwägen lässt, widerstrebt er hartnäckig, ja bittflehend und klagt, man wolle ihn «verbannen» (an Ulrike, 27. Juni und 11. August 1804). Seine Anstellung auf Probe, 1805 auf 1806 in Königsberg, mehrfach durch Unwohlsein und Beurlaubungen unterbrochen, beendet Kleist am 10. Juli 1806 durch direkte Bitte um Entlassung. In dieser Zeit nähert er sich dem Gedanken eines Volkskrieges (an Rühle, Dezember 1805), wie ihn Scharnhorst und Gneisenau später verfolgten. Es lässt sich nicht leugnen: Kleist will ausschließlich zweckfrei, ungebunden existieren, denn er will schreiben. Am anschaulichsten vielleicht seine Kriegsgefangenschaft, nach seiner Verhaftung im Januar 1807 in Berlin. Es herrschte eisiger Winter um die Vaubansche Festung Château de Joux im französischen Jura. Die bedrückenden Verliese dieses um 1690 modernisierten Riesenbaus, mit fünffachem Befestigungsring, vergleichbar der Bastille, lassen kaum Tageslicht ein. In welcher Zelle Kleist einsaß, ist nicht bekannt. Wie Kleist an den Vorzug zumindest einer Kerze zum Lesen und Schreiben gelangte, weiß man nicht, das ging auf den vermutbaren Rang des einzelnen Gefangenen zurück. Doch Kleist bleibt entwaffnend ungerührt. Er scheint damit zufrieden, dass niemand ihm die Zeit zum Dichten stiehlt: «Die ganze Veränderung mindestens, die *ich* dadurch erleide, besteht darin, daß ich nunmehr in Joux, statt in Dresden oder Weimar dichte; und wenn es nur *gute Verse* sind, was gilt das Uebrige?» (an Wieland, 10. März 1807)

Zweimal hielt sich Kleist als freier Schriftsteller für längere Zeit an festem Ort auf, in Dresden von August 1807 bis April 1809 und schließlich in Berlin ab Februar 1810 bis zu seinem Tod. In Dresden brachte er wie ein Vulkan das, was er geschrieben hatte und schrieb, an den Tag. Im Grunde ist Dresden die Heimat des Dichters Kleist. Das gilt für gut anderthalb Jahre.

Ab 1809 ist die Möglichkeit kaum noch gegeben, einander ablösende «Phasen» in Kleists Leben dingfest zu machen. Vom Frühjahr 1809 an ist auf neun Monate kaum eine Spur von ihm zu finden. Es wird vermutet, er habe sich, etwa als Kurier, an geheimen Kriegsvorbereitungen beteiligt. Das lässt sich nur sagen, weil es glaubhaftere Nachrichten über ihn nicht gibt. Die vorhandenen Andeutungen haben nicht den Charakter von Beweisen. Von Dichtung, im engeren Wortsinn jedenfalls, kann schwerlich die Rede sein, dafür fehlten Muße und Gelegenheit, vor allem wenn die Kurier-Hypothese zuträfe.

Kleists letztes Lebensjahr wirkt zerfahren (s. Kap. VII). Er unternimmt Versuche als Zeitungsschreiber, bietet an, die Redaktion des *Kurmärkischen Amtsblatts* zu übernehmen, er strebt sogar zum Militär zurück. Es entsteht erzählerische Prosa von höchstem Rang, gleichwohl spricht die Tatsache, dass das Schauspiel *Prinz Friedrich von Homburg* erst nach anderthalb Jahren fertig ist, nicht dafür, dass Kleist, wie es in Dresden der Fall war, ernstlich zum Schreiben gelangte. – Vor allem darf die tiefe allgemeine politisch-militärische Depression, die in Preußen herrschte, nicht vergessen werden: Als Kleist aus dem Leben schied, quittierten drei Dutzend Offiziere, darunter einer der Engagiertesten, Carl von Clausewitz, den preußischen Dienst. Clausewitz trat in den Russlands ein. Gänzlich fremd sind beide Entschlüsse voneinander nicht, eine Parallele, die Peter Paret gezogen hat (1982).

III. «Schreibereien»

Kleists Brief an Ulrike vom 27. Oktober 1800 enthält eine Nachschrift: «Sollte Tante gern in mein Büreau wollen, wegen der Wäsche, so sorge doch auf eine gute Art dafür, daß der obere Theil, worin die Schreibereien, *garnicht* geöffnet werde.» Die «Tante», Auguste Helene von Massow, führte nach dem Tod der Mutter den Haushalt und verkörperte die Autorität der Familie. Sie starb 1809. Das «Büreau» ist ein Schreibsekretär. In dem Wort «Schreibereien» schwingt eine kritische Nuance mit, die der Schreiber von der Familie übernommen haben kann. Auf der Vorderseite des Blattes ein Hinweis auf einen «versiegelten Schlüssel vom Büreau». Dass auch der Schlüssel selber noch gesichert werden musste, deutet an, dass Manuskripte vor der Familie verborgen wurden. Die schriftstellerischen Anfänge Kleists liegen in einer Dunkelzone von etwa zwei Jahren. Anderseits hat Kleist diejenigen seiner Manuskripte, die sich kurz vor seinem Tode in seinen Händen befanden, vernichtet. Das Bild, das sich die Nachwelt von diesem Dichtertum machen konnte, entspricht also nicht der Realität, denn mit Sicherheit befanden sich unter Kleists Papieren auch Pläne und Entwürfe. Am Ende des Doppelheftes 9/10 des *Phöbus* finden sich fünf

Kleine Gelegenheitsgedichte Kleists, deren erstes überschrieben ist: *Der höhere Frieden. 1792 oder 93.* Das ist keine Datierung, sondern ein Titel. Gegenstand der Verse ist der Krieg, dessen Ziel aber ist der Frieden. Es haben sich ferner drei Gedichte erhalten, deren Niederschrift anlassgebunden war. In Versen vom Besuch einer Harzhöhle am 18. Juni 1798 ist gleichfalls vom «wahren Frieden» die Rede. Der gedankliche Gehalt der vier Strophen ist zu gedrängt und kompliziert, als dass sie an Ort und Stelle extemporiert worden sein könnten. – Am eindrucksvollsten unter den frühen Versen ist ohne Zweifel Kleists Kontrafaktur von Schillers *Hymne an den Unendlichen,* unter dem Titel *Hymne an die Sonne,* in selbstbewusstem, raumgreifenden Duktus eingetragen in das Gästebuch der Hampelbaude – natürlich trug Kleist keine Schiller-Ausgabe bei seiner Wanderung im Riesengebirge mit sich. Kleist beginnt links oben auf neuer Seite, in einer größeren Schrift, mit viel breiterer Feder als alle anderen Wanderer, die sich da eingetragen haben. Er unterfertigt sich mit Applomb in einer Doppelschlussschrift: «d. 13. Juli 99 / am Morgen als ich / von der Schneekoppe kam / Heinrich Kleist, ehemals Lieut. i. Rgt. Garde». (Ein Vierteljahr nach erhaltenem Abschied.) – Die Authentizität des dritten Gedichtes, *Nicht aus des Herzens bloßem Wunsche,* ist umstritten. Manches spricht dafür, es Kleist zuzuschreiben: Kunstvoller Stil mit zahlreichen komplizierten Inversionen setzt Übung voraus; es würde anders ein Dunkelstern von einiger Größe als Verfasser erfordert. Wichtiger noch, Grundthema ist die Symbiose von Ehrgeiz und Leistung, eines der Axiome von Kleists Ästhetik.

Nicht nach Gebühr beachtet wird bei Kleist die Gattung der Verserzählung. *Die beiden Tauben,* eine formvollendete Nachbildung der Fabel II im 9. Buch Jean de Lafontaines, passt nicht recht in die Zeit des Erscheinens (*Phöbus,* Heft 2, Februar 1808), sieben Jahre, nachdem Kleist sich von Wilhelmine von Zenge getrennt hatte. Wilhelm Traugott Krug bezog das Gedicht lebensgeschichtlich vollkommen treffend auf Kleist und Wilhelmine und ihre Beziehung um etwa 1801. Krug gab das Heft seiner Braut mit dem Bemerken: «Sieh, da hat dir dein Freund noch etwas gesungen.» (LS 147) Das Gedicht verrät etwas, was Kleists Briefe an Wilhelmine in ihrer Erzieherrhetorik nicht zeigen: wahre Zuneigung.

Keinerlei Mutmaßung erlaubt die Angabe Wilhelmines in ihrem Brief an Henriette Solger vom 26. August 1823: «Einen seiner ersten poetischen Versuche *Ariadne auf Naxos* habe ich noch gefunden, und um Tieck zu zeigen, wie gern ich ihm gefällig sein möchte, überschicke ich dieses.» (N 167) Es wäre nicht ausgeschlossen, dass Kleist die Mythe von der auf einsamem Fels Verlassenen gleichfalls in der Zeit gestaltet hat, in der er das Taubenpaar vorstellte. – Die jüngste Verserzählung Kleists, *Der Schrecken im Bade. Eine Idylle*, zeigt ihn hingegen auf der Höhe seiner vollentwickelten Kunstmittel, unter anderem auch, weil dies eine dramatische Szene mit komplizierter Rollenverschränkung von Mann und Frau oder auch Braut ist, mit vielen anklingenden Nebenmotiven, und das im Blankvers, in der Sprache des hohen Dramas.

Einige Versuche haben sich auch von der frühen Prosa Kleists (um 1799) erhalten. Der undatierte *Aufsatz, den sichern Weg des Glücks zu finden* behandelt als zentrale Leitbegriffe Glück und Tugend und Bildung, mutmaßlich ist der Essay, der Otto August Rühle von Lilienstern gewidmet ist, nicht vollendet. Mit ihm überschneidet sich inhaltlich Kleists umfangreicher Brief an seinen Lehrer Christian Ernst Martini vom 18. und 19. März 1799. Es umkreisen sich hier die Themen, jedoch mit einem klar formulierten Ziel: der ciceronianischen Aurea mediocritas, eine Devise, die Kleist im Leben wie in der Dichtung zwar oft vertreten, aber nie selber befolgt hat. Lebhafte Diskursivität im Redegestus markiert eine Stilisierung.

Wie viele solcher «Schreibereien» Kleists sich im nahezu ängstlich verschlossenen Sekretär befunden haben, ist nicht einmal zu erahnen. Die Hinweise Kleists auf zwei Schriftstücke, die sich nicht erhalten haben, lassen gut verstehen, dass er dergleichen vor den Augen der Menschen, die die Tradition der Familie hüteten, verbergen zu müssen glaubte. Kleist nennt im Brief an Martini, 19. März 1799, eingangs einen nicht abgesandten «Brief» an den König aus dem Jahre 1798, das müsste gleichfalls eine Art Abhandlung, eine Denkschrift gewesen sein. Der damals noch im Dienst stehende Gardeleutnant übte darin, wie er skizziert, Kritik an den mit so hoher Perfektion eingeübten Exerzierkünsten der preußischen Armee. Das entsprach dem Urteil der jüngeren preußischen Offiziere überhaupt und ging auf ihre Erfahrungen in den Begegnungen mit den napoleonischen Truppen zurück: kämpferische Verantwortung des Einzelnen, unabhängig vom taktischen Reglement der Herresformationen, die in Preußen nach wie vor die Kunststücke des 18. Jahrhunderts einübten (Paret 2009). Den Rahmen dessen, was in der Familie noch toleriert worden wäre, steckt die Schrift ab, die Franz Alexander von Kleist seinem Vater zum Geburtstag widmete: *Über die eigenthümlichen Vollkommenheiten des Preußischen Heeres* (Berlin 1793).

Vielleicht hätte auch Kleists Schrift *Geschichte meiner Seele* (vgl. an Wilhelmine, 3. Juni 1801) zu Stirnrunzeln familiärer Autoritäten geführt. Ursprünglich für Rühle bestimmt, hat sie sich als Handschrift noch im Hause Adam Müllers befunden, also nach 1808. Sie gilt als verloren. Hinweise auf Gedanken dieses Aufsatzes enthält aber Kleists Brief vom 28. Juli 1801 an Adolphine von Werdeck; Kleist spielt an auf einen weltanschaulichen Kosmos, von Homer bis zur romantischen Naturphilosophie sich erstreckend, der unter dem Leitwort *Aurea catena Homeri* gut bekannt ist (Ohly 1990).

Der erste überlieferte Brief Kleists stammt von der Reise zur Armee 1793 (13.–18. März) und war gerichtet an die «Gnädigste Tante» Massow. Das erzählerische Geschick des Fünfzehnjährigen mag die Familie beeindruckt haben, so dass man den Brief aufbewahrte. Aus den Jahren 1793 und 1794 ist von Kleist keine Zeile erhalten, erst 1795 wieder ein Brief, der, hochstilisiert, einem nahezu banalen Vorgang eine moralische Bedeutung zuschreiben soll. Im Jahr 1800 dann 26 durchweg lange Briefe in lehrhaftem rednerischen Stil, auffällig dialogisch, davon sieben an die Schwester, 15 an Wilhelmine von Zenge. Ulrike hat den didaktischen Zusammenhang, nämlich die Briefpartnerin dem Endzweck ihres Daseins als Frau, als Mutter zuzuleiten, offensichtlich zurückgewiesen. – Aus dem Jahr 1801 sind 25 Briefe überliefert, davon 16 an die Braut, vier an Ulrike, dazu amtliche Dokumente. Zugleich aber erfolgt eine bedeutsame Verschiebung der Perspektiven. Als neue Adressatinnen erscheinen, im Sommer 1801, mehrere Kleist freundschaftlich verbundene jüngere Frauen: Karoline von Schlieben (18. Juli), Adolphine von Werdeck (28./29. Juli sowie 29. November), Louise von Zenge, Wilhelmines Schwester (16. August.), auch einen der Briefe an Wilhelmine darf man einbeziehen (15. August). Damit kommen ganz andere Themen auf: Lebenseinstellung, Landschaft, Reiseeindrücke, als wichtigstes Thema aber die Großstadt, Paris geradezu als Paradigma der modernen Gesellschaft. Letztlich geht es um Zweifel an der Tragkraft oder das Fortleben des Denkens Rousseaus. Keinen Autor hat Kleist nachdrücklicher zitiert. Das Kernstück der Begegnung Kleists mit Rousseau sind dessen *Träumereien eines einsamen Spaziergängers* (*Rêveries d'un Promeneur Solitaire*). Diese Briefe gelten derart fundamentalen Fragen, dass sie sich angesichts der von Kleist geübten Technik der Doppelverwendung sehr wohl mit zentralen Partien der *Geschichte meiner Seele* überschneiden könnten.

Die Bedeutung der epistolarischen Form gibt Veranlassung, auf ein Vorbild Heinrichs von Kleist hinzuweisen. Das sind die *Fantasien auf einer Reise nach Prag* von Franz Alexander von Kleist, 1791 anonym erschienen, gerichtet an «Lina». Gleichfalls an einen weiblichen Partner («Ernestine») schreibt im übrigen Rühle von Lilienstern die fiktiven Briefe in seiner *Reise mit der Armee im Jahr 1809*, die dem Kriege von 1809 gilt. Die ausgedehnten Anhänge findet man in den Titeln der drei Bände gar nicht angekündigt. Sie behandeln die *Schöne Baukunst*, einen *Dramatischen Gesamtverein der Teutschen* und *Das Wesen der Kunst in Bezug auf die Landschaftsmalerei*.

Aus dem Jahre 1802 sind nur elf Briefe von Kleist erhalten, sämtlich ohne erzieherischen Gestus. Die Textmasse seiner Briefe 1800/01 bildet ein eigenes Kapitel seines Schriftstellertums. Etwa ab 1802 schreibt Kleist fast nur noch Briefe in dem engeren Wortsinn, der sich heute herausgebildet hat: Mitteilungen, Erkundigungen, Verabredungen, Bitten, Aufträge. Bis ungefähr zur Zeitgrenze 1801 auf 1802 müsste man Kleists «Briefe» eher als Abhandlungen, Lehrschriften zu bestimmten Themen, bezeichnen. Dabei laufen häufig Sachmitteilungen mit unter, so dass eine Gattungsmischung oder, wenn man so will, eine «unreine» Gattung entsteht. Die Typologie der Adressatenperspektivik will berücksichtigt sein, wenn es darum geht, Passagen aus Kleists Briefen interpretierend zu würdigen.

Einschnitte in Kleists schriftstellerischer Tätigkeit lassen sich in großen Zügen auch ablesen an den Wandlungen seiner Handschrift. Vier, wo nicht fünf unterschiedliche Schriftformen weisen seine Briefe und Manuskripte auf (Kreutzer KJb 1981/82). Mit seinem Brief an Ulrike vom 24. Oktober 1806, geschrieben zehn Tage nach der Schlacht von Jena und Auerstedt, kommt diejenige Schrift auf, die Kleist in ihren Grundzügen bis zu seinem Ende beibehielt. Damals und in anschließender Zeit wurden *Zerbrochner Krug*, *Amphitryon*, *Penthesilea*, *Erdbeben* und *Marquise von O...*. konzipiert, ein zentrales Kapitel seines Dichtertums. Diesem als seiner Bestimmung hat er alles aufgeopfert. Kleist ist beständig in geradezu manischer Weise auf der Flucht vor jeder fremdbestimmten Bindung, alleine seiner dichterischen Produktivität verpflichtet.

IV. Die Dramen

In der autographen ursprünglichen Version der ersten großen Dichtung Kleists, *Die Familie Ghonorez*, existiert auch eine Skizze mit den Hauptmotiven, erzählt gemäß der Geschehnisfolge, nicht entsprechend dem Aufbau der Dichtung. Mutmaßliches Datum: Herbst 1801, ursprünglicher Titel *Die Familie Thierrez*. Diese Handschrift schenkte Kleist Friedrich Christoph Dahlmann, mit dem er 1809 in ein freundschaftliches Verhältnis gelangt war. Aus dessen Nachlass gelangte das Autograph an die Berliner Bibliothek. Es fehlt die Druckvorlage der *Familie Schroffenstein*, das ist die definitive Version, hervorgegangen aus der *Familie Ghonorez*. Der Druck ist datiert auf 1803, eine

Anzeige nennt jedoch November 1802. Ein halbes Dutzend
Rezensionen erschien ab 1803, fast ohne Ausnahme voller An-
erkennung, durchweg klug argumentierend, in mindesten zwei
Fällen (Ludwig Ferdinand Huber, Joseph Görres) aus promi-
nenter Feder. Diese Würdigungen spielen in der Kleistfor-
schung so gut wie keine Rolle. In Graz wurde das Stück 1803
auch gespielt, doch erfuhr man davon im «Reich», wie es in
Österreich damals hieß, nichts. Auch Kleist hat es nie erfahren.

Zwischen einigen der Dramen Kleists bestehen Verwandt-
schaftsverhältnisse. Sie ordnen sich in Zweiergruppen einander
zu. Aus Kleists Schweizer Anfängen stammt außer der *Familie
Schroffenstein* das Fragment seines ehrgeizigsten Versuchs in
der für ihn bedeutsamsten Gattung, des *Robert Guiskard*. In
der Königsberger Zeit und während der Gefangenschaft im
Château de Joux und in Châlons entstanden zwei Dramen, die
auf ihren Titelblättern die Angabe «Lustspiel» tragen, die aber
so kräftige Einschüsse von ernsten bis tragischen Motiven enthalten, dass man annehmen könnte, Kleist habe eine Shakespeare
verwandte «mittlere Gattung» («dark comedies») vor Augen
gehabt. Beide Stücke, *Amphitryon* und *Der zerbrochne Krug*,
stehen auf dem Boden der griechischen Tragödie, *Amphitryon*
außerdem auf dem des französischen Theaters der Klassik. Diese beiden Stücke sind die am reichsten angelegten, die Kleist
hinterlassen hat.

Auf eine Zweiergruppe, die dann folgt, in der Hauptsache
aus den Jahren 1807/08, hat Kleist selbst das Augenmerk ge-
lenkt mit der kommentierenden Anmerkung, dass ein Zusammenhang zwischen ihnen bestehe. Einmal eine Tragödie aus
dem Erbe der griechischen Antike, *Penthesilea* (1806/07), und
dann ein märchenartiges Schauspiel, äußerlich ein verspätetes
Ritterdrama, in Wiener Traditionen, das viel Tiefsinn an seiner
Oberfläche versteckt hält, *Das Käthchen von Heilbronn oder
die Feuerprobe* (1808).

Schließlich zwei «politische» Dramen, *Die Herrmannsschlacht* (1808) und, mutmaßlich in knappem zeitlichen Abstand, das dem inneren Gefüge des Hohenzollernstaates gewid-

mete Schauspiel *Prinz Friedrich von Homburg*, begonnen Anfang 1809. – Dieses geradezu enzyklopädische Bündel bedeutender, gewichtigster, komplizierter, verschiedenartiger Themen hat Kleist praktisch gleichzeitig vor Augen gehabt, in einem guten halben Dutzend Jahren, eine kaum vorstellbare Belastung und Anspannung. Hier mag das Zentrum von Kleists Dichtertum liegen, von dem aus er mit wesentlichen Teilen des abendländischen Erbes, nicht nur aus der Welt des Dramas, in Verbindung trat, aber auch in Konkurrenz, wo nicht Widerspruch. Als sicher darf gelten, dass Kleists Hauptinteresse sich zuerst auf das Drama richtete und dass er sich der Erzählkunst in zweiter Linie zuwandte. Vor einer auf die Chronologie bezogenen Wertung beider Dichtarten sei gewarnt. Kleists Erzählkunst enthält mindestens so neuartige, eigenständige Zweige seines Schaffens wie die Dramen.

I. Die Familie Schroffenstein

Kleists erstes Drama hat zu seinem strukturellen Rahmen die Vorstellung von «Familie» als gewachsenem rechtlichen Verbund, nicht in einem gemüthaften, gefühlsmäßigen Sinne (Vs. 47). Das Stück ist nicht unbedingt eine Erfindung allein aus der Phantasie und nur in ihr lebend. Die im Beginn des 16. Jahrhunderts erloschene Familie der Schroffensteiner, österreichische Lehnsträger, war auch vertreten in dem Heer des Herzogs Leopold III., der die Schweizer mit Gewalt im Verband der österreichischen Länder zu halten versuchte. An das Geschlecht gemahnt auch heute noch die eindrucksvolle, im vollen Wortsinne schroffe Ruine Schroffenstein oberhalb von Landeck, an der steilen Südwand der Lechtaler Alpen. Abbildungen, aus verschiedener Perspektive, waren im ausgehenden 18. Jahrhundert im Druck bzw. als Stiche verbreitet. Es würde Kleists Arbeitsweise entsprechen, einen Anstoß dieser Art aufgenommen zu haben.

Denkbar wäre ferner, dass der Plan zu einem Drama *Leopold von Österreich*, dessen Erarbeitung aber nicht mit letzter Sicherheit angenommen werden kann, hier anknüpfte. Die

Schlacht von Sempach (1386), die durch den Opfertod Arnold Winkelrieds ihre entscheidende Wende erhielt, ist ein höchst bedeutsames Ereignis der Epoche, als sich die Schweiz aus dem Reichsverband zu lösen beginnt. Möglicher thematischer Kern des Dramas: Abwehr von Fremdherrschaft. Eine Wendung in Kleists Brief vom 1. Mai 1802 könnte darauf verweisen: «Ich war vor etwa 4 Wochen, ehe ich hier einzog, im Begriff nach Wien zu gehen, weil es mir hier an Büchern fehlt; doch es geht so auch und vielleicht noch besser.» Kleist brauchte schwerlich Bücher in Wien. Er brauchte eine große Stadt, eine mit Theaterleben. Berlin schied aus; da er keinen Erfolg mitgebracht hätte, konnte er dorthin einstweilen nicht zurück.

Zwischen dem Dichter und dem Ort, an dem er seine wahre Bestimmung zum ersten Mal in die Praxis umsetzte, das geschah in Thun, besteht eine komplizierte Beziehung. Dafür, dass sich Kleist in Thun niederließ, bietet Rousseaus Rückzug auf die St. Petersinsel im Bieler See eine Teilerklärung. Nachfolge ist immer eine Form der Lebensdeutung gewesen und geblieben. Für Kleist und Thun kommt indes hinzu die ganz besondere Perspektive des Blicks von der Stadt Thun, vor allem bei leicht erhöhtem Standort, etwa dem Alten Friedhof, auf die Bergriesen des Berner Oberlands. Dieser Blick war damals eine ausnehmende Berühmtheit und wurde von Stechern und Zeichnern und auf Aquarellen häufig wiedergegeben. Im Mittelpunkt bot in der Nähe das gewaltige Dreieck des Niesen den imposantesten Fluchtpunkt, doch Mönch, Eiger und Jungfrau in der Ferne gehörten gleichfalls zum seinerzeit prominentesten Alpenpanorama, es geht nicht um Hochgebirge schlechthin. Die Topographie um die einstige Insel ist heute verändert. Im Boden des Grundstücks an der Spitze der Landzunge zeichnen sich die Holzpflöcke noch ab, die das Häuschen trugen, in dem Kleist wohnte. Seiner dichterischen Anfänge wird heute am Ort in Würde gedacht: Der Weg führt vorbei an dem eindrucksvollen Kleist-Denkmal von Urban Thiersch, Urenkel des berühmten Gräzisten, das 1983 dort aufgestellt wurde. Das Bild, das die Stadt Thun zu Kleists Zeit und auch schon zur Zeit von Goethes Besuch 1779 bot, hält das 1808 fertiggestellte

Panorama der Stadt Thun von Marquardt Wocher liebevoll detailliert fest.

Kleists doppelsinnig getroffene Wahl seines Aufenthaltsortes und seine erste Tragödie hängen in einer Tiefenschicht thematisch eng zusammen. Die Fragen, die Eigentum und Erbe, also sowohl der Besitz wie seine Erhaltung und Weitergabe aufwerfen, von Rousseau mit Vorzug im Zweiten Teil seiner Preisschrift von 1755 für die Akademie in Dijon erörtert, *Über den Ursprung und die Grundlagen der Ungleichheit unter den Menschen*, haben Kleist intensiv beschäftigt. Der Inhalt, die Hauptmotive der *Familie Ghonorez / Schroffenstein*, müssen von langer Hand vorbedacht gewesen sein, das ließ sich nicht in Kürze entwerfen. Die Personen des Stücks trugen ursprünglich spanische Namen, teilweise unbeholfen formuliert. Der Text selber hatte nichts Spanisches an sich, das war nur eine Kostümierung. Die Umwandlung in «deutsche» Verhältnisse zog außer der Auswechselung der Personennamen keine weitergehenden Veränderungen nach sich.

Im Wettstreit der Möglichkeiten produktiver Nachfolge im europäischen Kontext des Dramas, dem Antikisieren, Shakespearisieren und Hispanisieren, blieb fraglos Hellas Sieger. Kleist schreibt mit der *Familie Schroffenstein* etwas, das wie ein Ritterdrama aussieht. Goethes *Götz von Berlichingen* war ein Menschenalter früher entstanden, und seit der *Bernauerin* Joseph August von Törrings (1780) war die Gattung in ihrer Geltung abgesunken. Das hinderte ihr Fortleben keineswegs, im Gegenteil, sie entwickelte ihre wahre Blüte in der Oper, das allerdings bis über die Mitte des 19. Jahrhunderts hinaus. Von der Spanienmode im Drama, die Julius von Soden, Friedrich Justin Bertuch und die Schlegels kultivierten, muss Kleist gewusst haben. Sodens *Ignez de Castro* wurde in Berlin 16 Jahre lang gespielt, ein Erfolgsstück ersten Ranges. Im Mittelpunkt steht die familiär wie dynastisch nie legitimierte und deshalb verfolgte Braut Ignez, der der Held alles aufopfert. Friedrich Hebbels *Agnes Bernauer* (1851) ist dafür eine jüngere Zeugin. Kleist scheint auf den Theatermann Soden auch sonst sein Augenmerk gerichtet zu haben (vgl. *Berliner Abendblätter,* 7. November 1810).

Ein briefliches Bekenntnis Kleists von 1808 gegenüber
Zschokke, Shakespeare und Sophokles hätten in seinen Anfängen «noch zu mächtig über ihn» geherrscht, lässt sich erschließen
(vgl. LS 214). Das wird von der *Familie Schroffenstein* überdeutlich belegt. Anlehnung an Sophokles besteht durch analyti-
sche Handlungsführung. Das Drama hat in der Druckfassung
2725 Verse. Die vollständige Aufklärung des Handlungsur-
sprungs erfolgt bei Vers 2203, «gleich einer heilgen Offenba-
rung». Der bei weitem größere Teil dessen, was sich auf der
Bühne ereignet, beruht somit auf Irrtum und Täuschung, die
Lösung der Rätsel lässt lange auf sich warten. Die Nähe zu
Shakespeare ist an der Handlungsoberfläche mit Händen zu
greifen. Das exorbitante Personenverzeichnis führen zwei Grafen aus einer Familie an, beide hochgreifend als regierende Ter-
ritorialherren gezeichnet, dazu ein Dritter, gleichfalls des Namens Schroffenstein. Zwei adlige Häuser, deren Feindschaft ein
junges Paar in den Tod treibt, das scheint nahe bei *Romeo and
Juliet* zu stehen. Shakespeares Drama aber lebt in der Welt der
Stadt, mit patrizischen Geschlechtern. Kleists Drama spielt in
ganz eigener Weise in der Natur, in schroffer Felsenlandschaft
nämlich. Die Grundzüge der Natur sind Freiheit und Ursprüng-
lichkeit. Sie sind in Albrecht von Hallers Lehrgedicht *Die Alpen*
von 1729 vorgezeichnet: «hier, wo die Natur allein Gesetze
gibt». Ein reißender Gebirgsfluss, ein «ungebändigt tückisches»
Pferd akzentuieren Wildnis und Wildheit, Freiheit und Unbe-
rührtheit. Im Sinne von Reinheit ist auch das «nackend Mädchen» (Vs. 288) zu verstehen, das den «natürlichen Sohn» Johann mit einem Schleier verbindet. Von dem legitimen Sohn
Ottokar aber war Agnes in der Vorgeschichte auf den bedeu-
tungsschweren Namen «Maria» getauft worden. Das Verhältnis der beiden Familien ist bestimmt von «moderner» Rationalität, nämlich vom Eigentumsbegriff im Sinne der zeitgenössischen englischen Philosophie und Gesellschaftstheorie. Alles
spielt in privatem Rahmen, ohne Bezugnahme auf Staatlichkeit.
    Graf Rupert, der aktive Handlungsträger, ist kein von Grund
auf böser Charakter, er wird dazu gemacht, wie eine Geste zeigt
(nach Vs. 95): «Sag' ich dürste / Nach sein und seines Kindes

Blute, hörst Du? Und seines Kindes Blute. *Er bedeckt sich das Gesicht [...].*» Wortlose Gesten Ruperts zeigen auch sonst das Versagen der Sprache an. Die Geste drückt sein Entsetzen über eine, wenn auch vermeintliche Untat aus. Erwägungen über dergleichen hat Kleist nicht lange zuvor schon angestellt. Sein Brief aus Paris vom 15. August 1801 an Wilhelmine kreist um die Frage: «Was heißt das auch, etwas *Böses* thun, der Wirkung nach? Was ist *böse? Absolut böse?*» (261) Kleists *Familie Schroffenstein* sei «vielleicht die kühnste seiner tragischen [...] Konzeptionen», sagte Peter Szondi, der daneben an «Unerbittlichkeit» nur noch *Penthesilea* gelten lassen wollte (Szondi 1961. 97).

Rühle hatte 1816 behauptet, die «eigentliche Originalhandschrift» zu besitzen, das Stück sei von Freunden Kleists «ganz entstellt herausgegeben worden». (LS 101a) Ein genauer Vergleich beider Dramentexte, *Familie Ghonorez* und *Schroffenstein*, ergibt das Gegenteil. Bei der Erarbeitung der Druckfassung, *Die Familie Schroffenstein,* war ein Kenner und Könner am Werk, der eine qualitativ eindeutig höhere Stufe erreicht hat. Dafür kommt nur Kleist selber in Betracht. – Kein Verfasser eines Programmheftes lässt sich die Anekdote entgehen, Kleist sei beim Vorlesen durch das Gelächter seiner Zuhörer irritiert worden, so dass man kaum bis zum Schluss habe gelangen können. Die Anekdote mag man gelten lassen, falls sie sich nur auf die letzten 120 Zeilen bezieht. Kleist versammelt hier nämlich ohne zwingende Gründe das dramatische Personal fast vollständig auf der Bühne. Wo aber Schuld einzig aus Übereilung und Irrtum besteht, kann es keine schlichte Schlussabrechnung geben. Nur hielt Kleist Gut und Böse und beider Verhältnis zueinander nicht für an sich seiende Eigenschaften des Menschen, sondern für die Resultate von Konstellationen, wie sie sich in Verfahren und Verläufen herstellen. Kleists durchgehender Widerspruch gegen Kant in der Frage des Bösen ist so eindeutig, dass er dessen Erläuterungen dazu, insbesondere in den Abschnitten II. und III. von *Über die Religion in den Grenzen der bloßen Vernunft* (1793/94) vor Augen gehabt haben muss. Eigenartig offen ist der Dramenschluss. Die Kinder sind von den Vätern getötet, diese aber leben.

Hintergrund dieses Dramas ist der Entwicklungsgang der Menschheit, nichts Geringeres. Von den Anfängen der Menschheit, ihrer «Kindheit», so sagt eingangs Graf Ottokar, erzählen die Dichter. Das hat Kleist getilgt, mit gutem Grund, es stellt vorgreifend von dem Sinn der Bühnenhandlung zu viel klar. Unter den Vorzeichen «Natur» und, weiter ausdifferenzierend, «Vertrauen, Unschuld, Treue, Liebe, / Religion, der Götter Furcht» (Vs. 42), ließe sich der Friede als Idealzustand sinnvoll auffassen. In ihren Anfängen besaß die Menschheit auch das «Gefühl des Rechts» (Vs. 141), das «Rechtgefühl» (Vs. 147). Diese gedankliche Klammer des Dramas ist eine der wiederkehrenden Grundfiguren bei Kleist. Wenige Jahre später lebt davon die Hoffnung des Michael Kohlhaas, eine Schlüsselrolle hat sie in der *Herrmannsschlacht*. Ihr Ende bereitet die Menschheit sich selbst, indem sie ihre eigenen Kinder umbringt. Ein solches zutiefst zweifelndes Geschichtsbild hat der Dichter Kleist stets geteilt mit den politischen Vordenkern des Europa des 18. Jahrhunderts, etwa Montesquieu und Edward Gibbon. In der Gegenwart herrschen Irrtum und, vor allem, Übereilung.

Die makabre Ironie der Eingangsszene ist unvergleichlich, sie überschreitet die Grenzen des Wahrscheinlichen: Die Angehörigen des Grafenhauses Rossitz (Ciella), mit dem gesamten zugehörigen Hofpersonal nach der Messe in einer Kapelle versammelt, leisten wie auf Befehl des Grafen Rupert (Raimond) einen Racheschwur «auf die Hostie» gegen das Haus Warwand. Ruperts Rache ist total. Der Einwand der Gräfin «Könnt'st Du nicht prüfen mindestens» (Vs. 81) steigert sein Verletztsein darüber nur noch, dass «Selbst das Band, / Das heilige, der Blutsverwandtschaft riß» (Vs. 47). Das Bild der Menschheit als einer Familie ist überraschend modern, weil das Motiv des Eigentums so wichtig ist, markiert durch den Begriff «Vertrag» (ein Erbvertrag), von dem immer wieder die Rede ist. Lange hatte man erwogen, den Vertrag zu lösen, doch was wäre dann von der Familie geblieben? Aus dem Zeitalter des Adam Smith gibt es keinen Weg zurück ins ursprüngliche Glück: «S'ist inwendig zugeriegelt.» Im Essay *Über das Marionettentheater* wird Kleist das ein Jahrzehnt später poetischer wiederholen, das heißt aber auch: rätselhafter, zweifelnder. Für den II., III. und IV. Akt ist jeweils der Anfang leitmotivisch durch eine «Höhle» bezeichnet, und das Finale im V. Akt führt dann tatsächlich in diese hinein – der Schutzraum Liebe, er ist ambivalent genug, erweist sich als tödlich. Das ahnt Agnes (Ignez), das Mädchen, voraus.

Niemals später hat Kleist so viele Gedankenstriche gesetzt. Das sind nicht bloße Pausenzeichen, wie Fermaten in der Musik, sie enthalten vielmehr jeweils eine Anweisung an den Sprecher, gestisch etwas zum Ausdruck zu bringen, neben und über der Sprache. Diese zeitlich nicht festgelegten Pausen machen den Dramentext zu einer Art von Partitur, die einen hohen Anteil an Improvisatorischem besitzt. Das wiederum mag man mit der Musik vergleichen. Es zeichnet sich eine Analogie zur Musik des «Generalbaßzeitalters» ab, wie Hugo Riemann sachlich die später, deswegen nicht präziser, mit «Barock» bezeichnete Epoche nannte. Der Generalbaß bringt einen hohen Anteil des Improvisatorischen in die Ausführung hinein, hält aber eine festgelegte Grundlinie streng ein. Das weist wahrscheinlich voraus auf die Äußerung Kleists, dass «im Generalbaß die wichtigsten Aufschlüße über die Dichtkunst enthalten sind» (an Marie von Kleist, Mai (?) 1811, s. auch S. 105). Wollte man das Stück für das Theater gewinnen, wo es noch nie gelebt hat, wäre eine mehr als geschickte Hand zur Einrichtung vonnöten.

Man wird weder vorher noch später die Themen Eigentum und Erbe, ausdrücklich als Ursprung und Verursachung alles weiteren, in der Ausgangsebene einer dramatischen Handlung finden. Zum andern: Der Schluss zeigt unübersehbar einen gewissen Grad an Offenheit, vielleicht ist das sogar Ratlosigkeit. Zwar ist die kommende Generation tot, erschlagen beide, Ottokar und Agnes, mangels Prüfung durch den jeweils eigenen Vater. Die gegenwärtig herrschende Generation lebt weiter. Wie deren Zukunft aussieht, ist offen. Die «Häuser» existieren weiter – im friedlichen Nebeneinander von Ruinen.

2. Robert Guiskard, Herzog der Normänner

Auf keine seiner dramatischen Arbeiten hat Kleist so viel Zeit
und Kraft gewendet wie auf *Robert Guiskard, Herzog der Nor-*
männer, doch damit ist er an kein Ziel gelangt. Überliefert ist
ein Fragment von 524 Versen, erschienen im *Phöbus*, Nr. 4/5,
Juni 1808. Sehr wahrscheinlich handelt es sich um den Anfang,
im Umfang wohl weniger als ein Viertel des Ganzen.

Kleist hat mit dem Ausgriff der Normannen nach Byzanz das
extremste überlieferte Beispiel für die Symbiose von Ehrgeiz
und Leistung, das die gesamte Geschichte des Mittelalters auf-
weist, ausfindig gemacht. Eine literarische Tradition hat sich
daraufhin aber nicht gebildet. Die Leistungen der Familie des
Normannengrafen Tancred von Hauteville und seiner zwölf
Söhne waren ohne Vergleich. Acht der Söhne errichteten in Süditalien, Sizilien und auf dem Balkan ihre Reiche. Allen voran
stand Tancreds Sohn Guiskard, sowohl nach seiner eindrucksvollen äußeren Erscheinung wie seiner ambivalenten Begabung.
Einen klaren Umriss zeigt sein Charakter bei Kleist nicht. War
er ein bloßer Schlaukopf von extremer Gerissenheit oder eine
strategische Führergestalt von außerordentlichen Qualitäten?
Beides muss sich nicht ausschließen. Seine Erfolge gipfelten in
der definitiven Trennung von Rom und Byzanz. Letzteres wurde
selbst noch vom Balkan vertrieben, ein Vorgang von welthisto-
rischem Rang.

Wie Kleist dieses einzigartige Bündel von politischer und Mi-
litärgeschichte überhaupt ausfindig gemacht hat, so dass er es
zum Mittelpunkt, ja Gipfel seines dichterischen Ehrgeizes machen konnte, ist kaum zu eruieren. Es zeigt sich seine außerordentliche Begabung für eine zugleich rasche und eindringende,
vollständige strategische Beurteilung komplexer Zusammen-
hänge. Dafür war eine Art militärischer Schulung Voraussetzung. Die geschichtlichen Quellen sind eindrucksvoll, insbesondere die reichhaltigste, die *Denkwürdigkeiten aus dem Leben*
des griechischen Kaisers Alexius Komnenos, beschrieben durch
seine Tochter Anna Komnena, die erste bekannte Geschicht-
schreiberin. Schiller hatte dieses Werk 1790 im 1. Band seiner

Allgemeinen Sammlung Historischer Memoires veröffentlicht. Lebendig erzählt ist auch der historische Essay von Karl Wilhelm Ferdinand von Funk, nachmals sächsischer Generalleutnant, *Robert Guiscard Herzog von Apulien und Calabrien*, den Schiller 1797 in drei Teilen in seine *Horen* aufgenommen hatte. Das literarische Erbschaftsverhältnis Kleists ist also breit aufgefächert, zumal er die beiden umfangreichen und besonders im Fall der Kaisertochter eminent detailreichen Werke unmöglich ad hoc hätte studieren können – vielleicht gewinnen wir hier einen Einblick in seine Studien der Potsdamer Militärzeit.

Es gehört ein staunenswerter Blick für politische und das heißt stets auch militärische Machtstrukturen dazu, die Bedeutsamkeit dieser Vorgänge vom ausgehenden elften Jahrhundert wahrzunehmen. Dass Kleist ihre künstlerische Gestalt letztlich nicht zu einer organischen Vollendung führte, kann freilich seinen Grund schon in der Komplexität des Motivgewebes haben. Ein Nichtgelingen musste für das Selbstverständnis der wahrscheinlich ausgeprägtesten dramatischen Begabung der klassischen Epoche der deutschen Dichtung schmerzhafteste Folgen haben. Es vergingen denn auch fünf Jahre, bis mit *Amphitryon* ein Drama Kleists, erstmals eines unter seinem Namen, an die Öffentlichkeit gelangte. Ein Aufsatz für Rühle, *Über die allmähige Verfertigung der Gedanken beim Reden* (1805/06?, Autograph verschollen), stellt klar, dass Kleist die Gleichgewichtigkeit seiner ersten beiden Grundthemen bewusst war. Angespielt wird auf eine Examenssituation, die von zwei Fragen bestimmt ist: «Was ist der Staat?» Und: «Was ist das Eigentum?» Vom Eigentum handelten die *Schroffensteiner*. Im *Guiskard* geht es um den Staat. Kleist hat etwa seit der zweiten Hälfte des Jahres 1802 an diesem Drama gearbeitet. Im August rief er seinen Vetter Pannwitz zu Hilfe, er sei krank und ohne Geld. Ulrike traf ihn in Bern gesund und munter an.

Eine Schlüsselrolle bei den Rätseln um Kleists Arbeit am *Guiskard* kommt Christoph Martin Wieland zu. Zwei oder drei Monate hat Kleist in Weimar verbracht. Dass er in dieser Zeit Goethe, natürlich auch Schiller, nicht *gesehen* haben sollte, ist so gut wie ausgeschlossen. Warum hat er sich nicht, wie andere

auch, als Besucher vorgestellt? Er hatte freilich keine literarische Leistung vorzuweisen. Dann zog Kleist zu Wieland auf dessen Gut Oßmannstedt. Wieland hat Passagen des *Guiskard*-
Textes von Kleist *gehört*, wie er sich auffällig ausdrückt. Es ist
in diesem Zusammenhang so häufig von «Deklamation» die
Rede wie sonst nie bei Kleist. Dieser nahm, um seine Dichtung
besser zur Geltung bringen zu können, Unterricht bei dem durch
seine Trivialromane bekannten Heinrich August Kerndörffer,
der als Dozent für Deklamation an der Universität Leipzig wirkte (Kohlhäufl KJb 1996). Wielands Meinung über Kleists außerordentliche Begabung ließ sich nicht höher stilisieren. Dass
Wieland über umfassende Kenntnis und sicheres Urteil auf diesem Felde verfügte, beweist das dritte und letzte seiner *Sendschreiben an einen jungen Dichter* (1784).

Den Brief Wielands, in dem dieser ihn zu einem erfolgreichen
Abschluss drängte, hat Kleist wie einen Talisman behandelt. Er
hat diesen Brief auch Ulrike gesandt. Es war das einzige Beweisstück in dem vielleicht größten seiner Lebensprobleme, seiner
finanziellen Abhängigkeit von Ulrike. Bis an sein Lebensende
unterlag er einer Art Verpflichtung, dies vor dem Hintergrund
seines Herkommens durch Leistung zu rechtfertigen. Eine Druck-
situation solchen Schweregrades ist ein massives Schaffenshin-
dernis.

Die Geschicke des *Guiskard* geraten in fahle Beleuchtung
durch den hochdramatischen Gestus der Manuskriptverbren-
nung im Oktober 1803 in Paris – wenn sie denn stattgefunden
hat. Die Nichtvollendung des Werkes entzog seinem, Kleists Le-
bensweg den Sinn. Am 26. Oktober 1803 umreißt er das gegenüber Ulrike in aller Schärfe: «Ich *kann* mich deiner Freundschaft
nicht würdig zeigen, ich kann ohne diese Freundschaft doch
nicht *leben*: ich stürze mich in den Tod.» Emphase mindert Ein-
deutigkeit, «leben» hat hier einen Doppelsinn. Gleichgültig, ob
Kleist nun das (gesamte) Manuskript verbrannt hat, er hätte
ohne die finanzielle Hilfe seiner Halbschwester seine Existenz
nicht führen können. Es fehlte jene erstrebte außerordentliche
Leistung, die «der Welt deine Liebe zu mir erklären soll», wie
Kleist aus Weimar am 9. Dezember 1802 an Ulrike geschrieben

hatte. Die Form seiner Abhängigkeit wäre möglicherweise klarer zu erkennen, wenn Gegenbriefe Ulrikes erhalten geblieben wären. Immerhin hat Kleist auch so etwas wie Schauspielerei betrieben. Er will sogar zweimal versucht haben, in die französische Invasionsarmee gegen England aufgenommen zu werden, aber er muss gewusst haben, dass diese abenteuerliche Idee nicht realisierbar war.

Die weiteren Geschicke des *Guiskard* sind erst recht nicht verständlich. In entspanntem Ton zählt Kleist sein Drama in einem für den *Phöbus* werbenden Brief an Heinrich Joseph von Collin vom 14. Februar 1808 als vorhanden mit auf: «Ich bin, außer der Penthesilea, […], im Besitz noch zweier Tragödien, von deren Einen [!] Sie eine Probe im dritten oder vierten Heft sehen werden. […] Das erste Werk, womit ich wieder auftreten werde, ist Robert Guiskart [!], Herzog der Normänner.» Dunkel dagegen ein Hinweis im Brief an Wieland vom 17. Dezember 1807: «[…] ich habe eine Tragödie (Sie wissen, wie ich mich damit gequält habe) von der Brust heruntergehustet, und fühle mich wieder ganz frei!» Das könnte man auf den *Guiskard* beziehen, dann aber wäre die große Aufgabe ja gelöst gewesen?

Einem Werkabschluss stand der Napoleon-Code entgegen, der dem Drama unübersehbar innewohnt. Ein gewalttätiger Herrscher und scheinbar genialer Heerführer als Held, an diesem Schattenbild Napoleons ließ sich nicht vorbeisehen, gleichgültig, ob Kleist eine solche Analogie geplant hatte oder ob sie sich erst nachträglich als solche aufdrängte. In voller Klarheit zeigt sich Kleists politisch realistische Perspektive, wenn man sie Goethes Einstellung zu «seinem» Kaiser, wie er gerne sagte, vergleicht. Dass Goethe dessen Orden mit Freude trug, ist mehr als eine Illustration. Kleist hat Napoleons Feldzüge immer als Raub- und Eroberungszüge angesehen, sein politisches Urteil war analytisch und distanziert, es bezog Ökonomisches ein. Goethe ließ stets Größe als solche nicht nur gelten, er bewunderte sie. Kleist hingegen wertete auch das kleinste Unrecht als ein Unrecht. Vor dem Tribunal der Geschichte hätte Guiskard als Verbrecher bestraft werden müssen. Wie aber hätte das Urbild im Drama untergehen können, da doch sein Wiedergänger Napoleon von Sieg zu Sieg eilte? Die Zeitereignisse im ersten Jahrzehnt des Jahrhunderts schlossen es aus, über den Normannenherzog ein Geschichtsdrama zu schreiben.

Andere Motivstränge verdichten die Engführung der dramatischen Handlung. Die Analogie zwischen dem apulischen Herzog und Heerführer und Kleists korsischem Zeitgenossen wird überdeutlich in beider furchtlosem Umgang mit Pestkranken. Guiskard hat tätig «drei schweißerfüllte Nächte / Auf offnem Seuchenfelde zugebracht» (Vs. 78), eine grandiose Steigerung im Verhältnis zu Napoleon, der sich mit einem Gang durch das Spital der Pestkranken in Jaffa begnügt hat, das Bild von Antoine Jean Gros hängt noch heute im Louvre. – Die Szenenangabe im Beginn ist sprechend: Ein Hügel mit dem Feldherrnzelt ist als Grabeshügel gedacht, wie die «Cypressen» davor andeuten. Dazu noch ein Detail: «einige Feuer, welche von Zeit zu Zeit mit Weihrauch, und andern starkduftenden Kräutern, genährt werden». Darin läge eine krasse theatergeschichtliche Neuheit, weil abzubrennende Kräuter ein olfaktorisches Element in eine Theateraufführung gebracht hätten. Die geschichtlichen Normannen waren von Ruhr oder Cholera befallen, beides gewiss ernsthafte, doch unpoetische Seuchen, im *Guiskard* ist es die Pest. – Drohender noch hätte sich ein anderes Motiv entwickelt: «Im Hintergrunde die Flotte». Was wird aus ihr? Lässt Guiskard oder ein anderer sie verbrennen? Oder soll sie der Rettung des «Volkes», vielleicht eines Teils davon, dienen? – Das Personenverzeichnis schließt mit «Das Volk», doppelt befremdlich, denn Weiber und Kinder rechnen nicht unter Belagerer, der bestimmte Artikel verweist auf die Normannen insgemein. In dem zitierten Brief an Collin heißt es, der «Stoff» sei «noch ungeheurer» als der der *Penthesilea*, «doch in der Kunst kommt es überall auf die Form an, und Alles, was eine Gestalt hat, ist meine Sache». Die Personen auf der Bühne bieten kein friedliches Bild, jeder scheint hier mit jedem im Konflikt. Robert Guiskard, durch Willensbildung vom «Volk», also nicht durch ein Wahlgremium, in der Nachfolge seines ältesten Bruders zum Herzog gekürt, steht voran. Die übliche Erbfolge hätte auf Abälard,

Guiskards Neffen, führen müssen. Damit steht die Herrscher-
legitimation in Zweifel. Das ist zwar zunächst in Vergessenheit
geraten, wird sich aber zwangsläufig als Problem auswirken,
denn der Übergangene macht nachdrücklich Ansprüche geltend.

Guiskard, ein Held gemischten Charakters, «weniger edel,
als groß», sagt Funk über den Guiskard der Geschichte, führt
einen Angriffs- und Eroberungskrieg gegen Byzanz, im kriti-
schen Moment gegen den einhelligen Willen des Normannen-
volkes, das von ihm Rückkehr in die Heimat erfleht, in «Italiens
Himmelslüfte». Das «Volk» ist gänzlich militarisiert, weit über
sein Vorbild Preußen hinaus. Ob alle Krieger im Volk Guiskard
Gefolgschaft leisten würden, lässt sich nicht erkennen. Einstweilen agiert das Militär in geordneter Form, unter einem Zwölf-
männerausschuss, einer Art gewähltem Generalstab, der über
einen Sprecher verfügt. Im Befehlsgefüge zeigen sich indes er-
hebliche Risse. Beide Prinzen, neben Guiskards Neffen Abälard
sein Sohn Robert, artikulieren öffentlich ihre Ansprüche. Dabei
übt Abälard situationsbedingt Illoyalität, indem er preisgibt,
dass Guiskard von der Seuche befallen sei. Er *erlaubt* dem Heer,
auf den Herrscher zu warten, Robert dagegen *befiehlt*, den Platz
zu räumen. Damit bricht der Konflikt zwischen beiden Präten-
denten aus, gesteigert wird er dadurch, dass Guiskards Sohn
Robert der weniger Befähigte ist, Abälard aber, um die Führung
zu übernehmen, die Rolle des Usurpators, ganz wie einst Guiskard selber, spielen müsste.

Dem vorliegenden Text fehlt das sogenannte «Gegenspiel»,
also die Partei des Kriegsgegners. Das Fragment zeigt einzig die
normannische Herrscherfamilie und das Normannenvolk. «Ihr
Kinder, Volk des besten Vaters, das / Von allen Hügeln rau-
schend niederströmt» (Vs. 61), so Guiskards Tochter Helena.
Als Witwe des byzantinischen Thronfolgers, des Konstantin
Dukas, strebt sie selbst die byzantinische Kaiserkrone an. Damit müsste sie sich aber gegen ihren Vater wenden, oder dieser
müsste sie seinerseits ausschalten. Dass auch die griechische Seite
auftreten würde, deutet sich an mit dem Ausdruck «Verräther»
(in der Fußnote *Phöbus*, S. 15) für diejenige Partei in Byzanz,

die Guiskard ein Übergabeangebot gemacht hat. Dort gibt es also gleichfalls eine Aufspaltung, wie bei den Normannen.

Robert Guiskard kann man das Schlüsselwerk Kleists nennen. Sein Fragmentcharakter ist Symbol für das Kleistsche Lebenswerk überhaupt. Von 1802 bis 1808 ist Kleists Kampf um die überaus ehrgeizige Konzeption nachweisbar. Dass das Werk in Oßmannstedt zu einem Abschluss gebracht wurde, ist unwahrscheinlich, man bedenke den Konjunktiv in der berühmten Wendung Wielands «Wenn die Geister des Äschylus, Sophokles und Shakespeare *sich vereinigten* eine Tragödie zu schaffen, so *würde das sein* was Kleists *Tod Guiscards des Normanns.*» (LS 89) Also das Gewaltigste und Ursprünglichste, so deutete man Aischylos seit dem Sturm und Drang, das als Kunstwerk Vollendetste, das wies auf Sophokles, und der größte Erfinder in der abendländischen Dramatik, Shakespeare also. Ein wahrlich unwidersprechlicher Hinweis auf den Ehrgeiz Kleists. Wenn Kleist irgend von Wielands Meinung Kenntnis gehabt hat, durfte er das wie eine Dichterkrönung ansehen, auch vor dem Hintergrund des überaus drängenden Briefes Wielands (ca. 12. Juli 1803). Da konnte er lesen: «Sie *müssen* Ihren Guiscard vollenden, und wenn der ganze Kaukasus und Alles auf Sie drückte.» Die im Fragment erkennbaren Problemkreise bilden ein politisches Netz, in dem sich Guiskard verfängt. Talent steht gegen Legitimation.

Wie gingen die Deutschen mit dieser Tragödie um? Ihre Wirkungsgeschichte enthält ein düsteres Faszinosum. Bis zur ersten Aufführung (1901) verging viel Zeit. Ein Dramenfragment hat natürlich im Theaterbetrieb nur unter sehr hohen ästhetischen Maßstäben einen Ort. Schon vor dem Ersten Weltkrieg brach lawinenartig eine Vorliebe der Theater für diese Verse aus. Das Fragment hat nichts an sich, das zu einer positiven Identifikation einlüde. Die Normannen und ihr Heldentum, das stimmt beklemmend überein mit dem Geist der Dichtungen über den Untergang der Burgunden in König Etzels Halle. Die Widerspiegelung des Nibelungenliedes in jüngeren Gestaltungen, die Richard Wagners eingeschlossen, greift dem Untergangsheroismus des Dritten Reiches vor, aber es ist der gleiche Geist. Die völkische Heroisierung des Todes deutete sich schon früh an, und so wurde Kleist in makabrer Weise zu einem Deuter des deutschen Weges gemacht.

3. Amphitryon

Kleist war zwei Jahre einigermaßen ziel- und planlos auf Reisen gewesen, als er 1805 probeweise in den Staatsdienst trat. Dessen Alltag entzog er sich immer wieder, durch Kränkeln oder hypochondrisches Verhalten. Wilhelm Traugott Krug, verheiratet mit Kleists früherer Braut, bezeugt in seinen Lebenserinnerungen Kleists unstetes, absonderliches Verhalten: «Er war so unglücklich organisirt, daß er sich fast immer in einem fieberhaften Zustande befand; woraus auch manche Seltsamkeit in seinen Dichtungen zu erklären sein dürfte.» (LS 146) Vom Erscheinen der *Schroffensteiner* an hatte in der literarischen Öffentlichkeit fünf Jahre Schweigen um den ohnehin namentlich nicht Genannten geherrscht, bis dann 1807 der *Amphitryon* erschien. Im gleichen Jahr gelangte der *Zerbrochne Krug* in Goethes Hand.

Die beiden Dramen, herkömmlich als Lustspiele bezeichnet, fügen sich nicht bruchlos in das Gattungssystem der Epoche. Aus einigem Abstand betrachtet, könnte es scheinen, als habe Kleist mit beiden zusammen die Möglichkeiten des Dramas, so weit es irgend ging, ausschöpfen wollen. Im Mai 1807 erschien in Dresden bei Arnold *Heinrich von Kleists Amphitryon, ein Lustspiel nach Moliere. Herausgegeben von Adam H. Müller.* Kleist selber hat das Wort Lustspiel dafür nie gebraucht. Ein Titelblatt bewirkt Rezeptionssteuerung: Dieser *Amphitryon* ist ein anderer als der des Molière, er ist nicht der des Plautus, und er ist auch nicht enthalten in der aus 17 Stücken bestehenden Molière-Übersetzung Heinrich Zschokkes. Diese erschien in 6 Bänden 1805, 1806 und 1810. Von ihr muss Kleist gewusst haben, zumal die beiden so ungleichen Dichter nach ihrem Schweizer persönlichen Umgang (1802/03) brieflich Verbindung hielten. In welcher Gestalt Molière auf der deutschen Bühne zu erscheinen habe, hat Zschokke in einer Vorrede darge-

stellt und dabei einiges zur herrschenden Auffassung über ins
Deutsche übersetzte Lustspiele angemerkt, «französische Sitte,
Ton und Brauch» müssten in deutsche Verhältnisse transponiert
werden. Molière muss «auch im deutschen Geiste denken und
handeln». Zu diesem Verfahren hat Kleist mit seinem Spiel über
den alten Mythos ein mehr als deutliches «So nicht!» vorge-
bracht. Seine Auffassungen über ästhetische Fragen hat er so
gut wie immer in der Ausführung formuliert. Kommentiert,
etwa in theoretischen Texten, hat er seine Gestaltungen kaum
jemals. Es ist, als sei ihm die Zeit zu kostbar gewesen, die ein
Analysieren oder Beschreiben eigener künstlerischer Verfahren
erfordert hätte. Dass er dergleichen zu formulieren imstande
war, hat er mit seinen drei «Briefen» in den *Berliner Abendblättern* (22. Oktober, 6. November 1810 und 5. Januar 1811) an
den Tag gelegt. Auch in diesen Texten wählt Kleist eine hochsti-
lisierte literarische Form, das Sendschreiben.

Amphitryon blieb selbst in Kleists verwirrender Wirkungsgeschichte eine Sonderbarkeit. Goethe urteilte auf der Stelle:
«Nach meiner Einsicht scheiden sich Antikes und Modernes auf
diesem Wege mehr, als daß sie sich vereinigten.» So in einem
Brief an Adam Müller (28. August 1807), im öffentlichen literarischen Gespräch hat er sich dazu nie geäußert. In der Tat hatte
Kleist die Lösung gewählt, die beiden Sphären der Vorlage nebeneinander zu stellen, die Feldherrensphäre und die Bedienten-
sphäre als ihre Widerspiegelung, allerdings *beide* im Versmaß
des fünfhebigen Jambus, der seit Lessings *Nathan* die Sprache
von hochgreifender Dramatik, ja der Tragödie bestimmte. Später urteilte Goethe über *Amphitryon* noch einmal: «ein bedeutendes, aber unerfreuliches Meteor». So 1823 in den *Tag- und
Jahresheften*, erschienen erstmals 1830 in der Ausgabe letzter
Hand, dort *Annalen* genannt. Eine anhaltende Irritation, von
der die Zeitgenossen aber nichts erfuhren.

Uraufführung erst nach fast einem Jahrhundert, 1899, als
vorletzte der Kleistschen Dramatik. Im 19. Jahrhundert wurde
das Stück nicht selten als deutsch-französischer nationaler
Zankapfel behandelt, von beiden Seiten. Der berühmte Überset-
zer Wolf Graf Baudissin hat in seinen eigenen Molière die von

Kleist übernommenen Passagen einfach hineingestellt, «denn ich mußte mir sagen, besser sei die Aufgabe nicht zu lösen» (Baudissin Bd. 4. XXI). Im Sinne Goethes hat niemand geurteilt, im Gegenteil, einen Chor der Bewunderung bilden die zeitgenössischen Stimmen. Christian Gottfried Körner: «Herr von Kleist, Verfasser der Familie von Schroffenstein und ehemals preußischer Offizier, hat einen Amphitryon in Jamben gemacht, der sich besonders durch den Schwung und die Hoheit auszeichnet, womit die Liebe Jupiters und der Alkmene dargestellt ist. Auch ist das Stück reich an komischen Zügen, die nicht von Plautus oder Molière entlehnt sind.» (LS 169) Dorothea Stock, die begabte Pastellmalerin: «ein Stück [...] welches ganz vorzüglich ist und unverkennbare Spuren eines großen Talents trägt» (LS 170). Adam Müller: «weder in antiker noch moderner Manier gearbeitet» (LS 171). Friedrich Gentz: Das Stück «verklärt [...] sich in ein wirklich Shakespearesches Lustspiel» (LS 172b). Die Deutschen neigten jedoch zu einer anderen Art von Lustspiel, in dieser Gattung gräzisierten sie keineswegs. Götter gehörten nach ihrer Auffassung nicht in diese Gattung. Ein früher Versuch in Prosa von Friedrich Samuel Bierling (Hamburg 1752) war um 1800 schon in Vergessenheit versunken. In das Gebiet kulturgeschichtlicher Veranschaulichung, nicht in die Dramengeschichte, gehört Johannes Daniel Falks *Amphitryon* (1804).

Molière nannte seinen *Amphitryon* (1668) eine «Comédie», Kleist den seinen «eine Umarbeitung des Molierischen» (an Wieland, 17. Dezember 1807). Der Vater der Götter, Jupiter, wird ins Komische gezogen, weil seine vorgebliche Allmacht keine ist, auch amüsiert sein Adlatus Merkur sich und die Zuschauer über das Dienerpaar. Dieses spricht gleichfalls im Versmaß der Tragödie, wenn auch über Alltägliches, und erlangt damit seine eigene Komik. Versmaß und Gattung hängen zusammen. Die weibliche Hauptgestalt, Alkmene, weist kaum einen Anflug von Komischem auf, was damit zusammenhängen mag, dass die bald zweieinhalb Jahrtausende alte mythologische Erzählung tragischen Ursprungs ist. Die übliche Bezeichnung lautet «Tragikomödie», das aber ist ein Wortwitz des Plautus, kein Begriff. Plautus hatte das Nebeneinander beider Elemente, Tragödie und Komödie, sehr wohl gesehen und im Prolog seines eigenen *Amphitryon* achselzuckend gemeint, dann solle man das eben eine «tragicocomoedia» nennen. Plautus hat in seinen Stücken eigentlich nichts selber erfunden, so dass die Frage aufkommt: War dieses Mischgebilde am Ende bereits griechischer Herkunft?

Die Geschichte, die seit Plautus unter dem Namen Amphitryons läuft, ist eine austarierte Sechsfigurenkonstellation. Akzentuiert man auch nur eine dieser Gestalten anders, verschiebt sich die ganze Konstruktion. Wissenschaftler behandeln Kleists Version des Themas als eine Alkmene-Tragödie. Damit wird man dem Amphitryon-Thema nicht völlig gerecht, denn manchen Prädispositionen, die in dem thematischen Gesamtkomplex enthalten sind, konnte Kleist sich nicht entziehen. Unter Zeus' Liebesgeschichten ist dies die einzige Ehebruchsgeschichte. Gezeugt wird der eminenteste der Heroen, Herakles. Die innere Widersprüchlichkeit des thematischen Komplexes mag Kleists Vorliebe für diffizile oder gar zweifelhafte Gleichgewichtslagen besonders entgegengekommen sein.

Kleist schloss seinen *Amphitryon* im Zeitpunkt der preußischen Niederlage und wahrscheinlich auf französischem Boden, in dem Festungsgefängnis Château de Joux, ab. Er war, wie seine ganze Generation in Brandenburg, gerade der Adel, entschieden europäisch geprägt, mit einem hohen Anteil französischer Kultur. Er sah die Weltordnung durch einen Usurpator und Ausbeuter gestört, und das war nun einmal ein Franzose oder genauer Korse. Sein eigener *Amphitryon* markiert eine wirkungsgeschichtliche Grenzscheide auch im Nachleben Molières: Seither gab es im Deutschen keinen Übersetzungsversuch des *Amphitryon* von Rang mehr.

Die Proportionen scheinen es in der Tat nahezulegen, das Zentrum des Dramas in Alkmenes Geschicken zu sehen. Der II. Akt, der weitgehend von Kleist stammt, macht nahezu die Hälfte des Textes aus, und die Ästhetik der Originalität, wie sie in der Geniezeit entstand, übte nun einmal lange Zeit ihre Vorherrschaft. Mit Kleists energischer Neugewichtung gelingt nicht zuletzt eine Balance der Geschlechter. Die Kleistsche Alkmene behauptet sich gegenüber dem Gott wie dem Gatten gleichermaßen. Zum krönenden Schluss tritt das Thema der Gottessohnschaft hinzu, wie zweideutig auch immer. Alkmene, obschon anwesend, wirkt nicht mehr mit. Es ist der Feldherr Amphitryon, der in der Schlussszene das Feld behauptet. Sein Triumph ist für das neuzeitliche Bewusstsein eine Provokation: Er wird zum legitimen Vater des größten der Heroen, und seine schöne Gattin bleibt ihm erhalten. Goethe hat an dieser Schlusswendung Anstoß genommen, doch die Geschichte von Herakles' Abkunft hat ja nicht Kleist erfunden. Dieser hat mit dem Schluss-«Ach» der Alkmene eine einmalige Schwebelage, auch im Verhältnis der Gattungen, geschaffen.

Kleist sucht die gesellschaftlichen Determinanten seiner Heldin aufzuheben, indem er sie aus einer unstillbaren Sehnsucht nach einem rousseauistischen Arkadien leben lässt. Alkmene würde am liebsten jeder gesellschaftlichen Rolle überhaupt entfliehen und in völliger Privatheit nur dem Gemahl, d. h. letztlich sich selber leben: ein «Strauß von Veilchen [...], / Um eine niedre Hütte eingesammelt» (Vs. 426), das ist alles, was sie begehrt. Gerade noch die einfachste aller häuslichen Tätigkeiten übt die Fürstin aus. Als Jupiter sie überrascht (Vs. 931), sitzt Alkmene am Spinnrad, das ist die Tätigkeit eines Gretchen. Homers Fürstin Penelope hingegen, die gleichfalls ihren Gatten erwartet, webt an einem kunstvollen Bildteppich. Man kann eine solche a-soziale Eheutopie in Kleists Briefen, nicht nur in denen aus der Schweiz, vorgeprägt finden. Es ist das geistige Klima von Novalis' Fragmentensammlung *Glauben und Liebe oder der König und die Königin,* in den *Jahrbüchern der Preußischen Monarchie* 1798 veröffentlicht.

Ein Jupiter in zweierlei Gestalt – Herr des Olymp, der aber in seiner entscheidenden Aussage den Verkündigungsengel Gabriel zitiert und zugleich die neue, die romantische Idee der Liebe verficht, und das auch noch vergeblich. Von einer Tragödie ist das weit entfernt. Zwischen dem Athen des 5. Jahrhunderts und dem Dichter Kleist bestehen in einem für das Drama zentralen Punkt keine grundsätzlichen Unterschiede: Die Ehe wird in der griechischen Antike nicht ironisiert und von Kleist nur in der Dienersphäre. Dass einer der griechischen Tragiker das Wagnis eingegangen wäre, Zeus als moichós, als Ehebrecher, auf der Bühne zu zeigen, lässt sich nicht sagen. Molière tut das mit ironischer Emphase, und er lässt seinen Jupiter obendrein in der Rolle eines Schauspielers agieren. Damit konnte er tiefe Zweifel an der Gesellschaftsordnung vorbringen; sein Stück durfte für lange Zeit nicht mehr gespielt werden. Kleists Jupiter will, so scheint es, seine Göttlichkeit aufgeben, zumindest zeitweise. Mit der Menschwerdung Gottes treibt Kleist da ein abgründiges Spiel, auch hier bewies er seinen Spürsinn fürs Höchstkomplizierte.

Ein bedeutender Schritt in der Entstehung der dramatischen Fabel vollzog sich, als Plautus der ursprünglichen Konstellation ihre eigene Parodie hinzufügte. Seine Vorlage muss ein in Rom gut bekanntes Stück gewesen sein, anders hätte das Parodieverfahren seine Wirkung nicht entfaltet. Das doppelgesichtige neue Drama entsteht durch eine vierte Hauptfigur. Der Sósia des Plautus ist eine Erfindung, die ihresgleichen sucht. Sósia liefert schon bei Plautus einen Schlachtbericht, als dessen Erfinder er sich selber weiß, er spielt Theater auf dem Theater, ja agiert überdies eine regelrechte Theaterprobe.

Kleist gebraucht durchgehend die Tragödiensprache seiner Zeit. Diese Tonlage wird mehrfach drastisch durchbrochen, teils schimpft Amphitryon wie ein Offizier im Manöver. Kaum milder seine Beschimpfung durch Alkmene, die sich dabei von einer unerwarteten Seite zeigt. Der Ambitus zwischen Hohem Ton und gröbsten Derbheiten ist so groß, dass bereits die Sprache einer Gattungsbestimmung im Wege steht. Doch ist der ernste Teil dieses Dramas eigentlich tragisch, wie immer wieder unterstellt wird? Alkmene wird zwar unglücklich gemacht, ihr wird übel mitgespielt, aber man zögert, ihren Geschicken tragische Qualität zuzusprechen. Auch der Begriff «Komik», der die andere Sphäre im Dramentext kennzeichnen könnte, ist nicht ohne Schiefheit. Gerade in den witzigsten Partien wird Sosias eher geschunden als ausgelacht. Kleist hat nicht nur den Hohen Ton gesteigert, in fast noch stärkerem Maße hat er Drastik und

Derbheit auf die Spitze getrieben. Er hat dabei Unflätereien erfunden, die in der klassischen Bühnensprache die Grenzen des
Zulässigen überschreiten. Die Sprache zeigt es an, wie Kleist die
Spannweite zwischen den beiden einander entgegenstehenden
Sphären, der heroischen und der komischen, auseinandergetrie-
ben hat. Es scheint, als habe er die Forderung vor Augen gehabt, in die Platons *Symposion* mündet (223 D): «der kunstge-
rechte Dramatiker müsse sowohl Tragödien wie Komödien zu
schreiben befähigt sein». Die deutsche Dichtung kennt kein vergleichbares Beweisstück für die Aussage des Sokrates, Kleists
Amphitryon steht darin einzig da.

Die engste Verwandtschaft des *Amphitryon* besteht zum *Zerbrochnen Krug*. Beide Dramen gewinnen ihr Leben aus dramatischen Bauformen der Antike, sie gehen, nachdem Kleist sein
erstes Dramenpaar, zwei Tragödien, auf eigene Rechnung
entworfen hatte, von vorgezeichneten abendländischen Traditi-
onslinien aus. Sowohl *Amphitryon* wie *Zerbrochner Krug* antworten auf Kleists Krise von 1803/04, nach den Schweizer Anfängen. Kleist fordert die Tradition in großer Geste heraus.

4. Der zerbrochne Krug

Anders als *Amphitryon* ist der *Zerbrochne Krug* ohne Verzug
von Goethes Hand in Weimar auf die Bühne gelangt. Obwohl
er hier nur einmal gegeben worden ist, am 2. März 1808, wurde
er zum meistgespielten deutschen Theaterstück, sei es auch immer wieder um den Preis seiner Versimpelung, denn, ursprünglich verwandt den «dark comedies» Shakespeares, wofür es im
deutschen Sprachraum bis zu Kleist keine Entsprechung gab,
wurde ein poltriges Lustspiel daraus. Goethe erwog, nachdem
er den *Zerbrochnen Krug* erhalten hatte, sogleich, «ob etwa ein
Versuch der Vorstellung zu machen sey. Zum Richter Adam haben wir einen vollkommen passenden Schauspieler, und auf diese Rolle kommt es vorzüglich an» (an Adam Müller, 28. August
1807). Dieser Schauspieler, Heinrich Becker (in erster Ehe verheiratet mit der blutjung verstorbenen Christiane Neumann, die
Goethe mit seiner unvergleichlichen Totenehrung *Euphrosyne*

feierte) vermittelt uns Einblick in die Vorbereitungen zur Uraufführung des *Zerbrochnen Krugs*. Nach dem Zeugnis Caroline
Jagemanns, im Weimarer Hoftheater die einzige Sängerin mit
fachlich gediegener Ausbildung, kam unter den Schauspielern
allein Becker ein vergleichbarer Rang zu. Als Sänger gehörte er
dem Fach «Leichter Spieltenor» an. Mit einem solchen Darstel-
ler könnte man eine ganz andere Interpretation erreichen als
mit den uns gewohnten bassigen Fleischgebirgen vom Typus
Emil Jannings oder Hermann Schomberg. Ernst Wendt hat
1983 am Schauspielhaus Hamburg einmal in die ursprüngliche
Richtung arbeiten lassen, ein Versuch ohne Nachfolge.

Anfang 1808 berichtet Becker in einem Brief, dass viele gute
Stücke eingeschickt worden seien. «Besonders zeichnet sich ein
Lustspiel in einem Akt aus, in ganz neuer Manier, in Jamben,
welches mit großer Freyheit geschrieben ist, und von bedeutender Wirkung sein wird. [...] Ich habe es zum streichen bekom-
men, denn wie es steht, ist es nicht zu geben, es ist ein bischen
derb, aber wenn der Mann, den wir nicht kennen, uns mehr
schicken wollte, daß wär unser Mann, von dem wir für das
Lustspiel vihl erwarten können.» (Barth 1980. 406) – «Streichen» heißt also nicht «kürzen», sondern «abmildernd bearbei-
ten». Die deutsche Auffassung von Lustspiel wird deutlich: Seine Sprache ist Prosa. Jamben, damals noch relativ neu und nicht
leicht zu handhaben, waren anspruchsvolleren Gattungen vorbehalten. Kleist bietet eine echte Novität, das Lustspiel im Ge-
wand des hohen Dramas. Warum aber verschwieg Goethe
Kleists Namen selbst seinen engsten Mitarbeitern? Becker war
schließlich einer seiner drei «Wöchner». Die geltende Meinung,
Goethe habe durch seine Einrichtung des Stücks dessen Schei-
tern verursacht, muss mit Vorsicht behandelt werden. Er selber
hat möglicherweise an dem Text nichts eingerichtet, selbst
dass er die Einteilung in drei Akte eingeführt habe, ist nicht
beweisbar. Fast herabsetzend musste es wirken, dass man dem
Krug die aufreizend belanglose Operette *Der Arrestant* von
Pierre-Antoine-Dominique Della Maria vorausschickte, 1798
in Paris herausgekommen und von der Musik der Wiener Klassik um Lichtjahre entfernt. Diese Operette war zudem durch

eine Bearbeitung von Kotzebue für die Sprechbühne nicht eben veredelt.

Goethe bezeichnete eine Premiere wörtlich als eine «Hauptprobe» und so behandelte er sie, erst danach griff er ein, und das bedeutet: korrigierend. Die Memoiren der Caroline Jagemann vermitteln klaren Aufschluss über das in Weimar bei Einstudierung und Regie Übliche. Das darf man mit heutigen Verfahren nicht verwechseln. Goethes Urteil verschob sich deutlich vom privat gebliebenen Eintrag in den *Tag- und Jahresheften* bis zu den *Annalen*. Da heißt es 1830 vom *Zerbrochnen Krug*, «der gar mancherlei Bedenken erregte, und eine höchst ungünstige Aufnahme zu erleben hatte». Friedrich Wilhelm Riemer, zur Zeit der ersten und einzigen Aufführung Goethes Sekretär, hat in seinen Tagebüchern ungefähr das Gegenteil festgehalten. Man hätte zu erwägen, ob man den Stimmen der Damen aus dem Umkreis der Hofgesellschaft wirklich literaturkritisches Gewicht beimessen soll.

Der *Krug* in seiner ursprünglichen, der Langfassung, ist nach Ausweis des Papiers des Autographs spätestens 1806, in Königsberg, niedergeschrieben worden. Der geschichtliche Hintergrund der dramatischen Verwicklungen spricht von einem militärischen Engagement der Niederlande in Ostindien. Im engsten Kleistschen Freundeskreis hat man eine Auswanderung dorthin erwogen. Die Dorfbewohner in Kleists Stück sind beherrscht von einer Atmosphäre des Misstrauens, ja der Angst. Ausgangspunkt der Gerichtsverhandlung ist der mit bildlichen Darstellungen kunstvoll und überreich geschmückte Krug, der erstens wertvoll, da alt, zweitens, nicht ohne Hintersinn, zerschlagen ist. Die Bilder auf dem Krug beziehen sich auf die Niederlande und Spanien seit dem 16. Jahrhundert. Ein zweites Thema, «Die Rechtspfleg' auf dem platten Land verbessern», gelegentlich zur «Rechtsreform» hochstilisiert, wäre vor dem ausgehenden 18. Jahrhundert kaum denkbar. Im dritten Teil kommen neue, kritische Elemente hinzu, die begründen, warum Kleist sich von dieser Partie nicht trennen wollte, sondern sie als «Variant» der Druckfassung beigab, gegen 700 Verse. Die Bauern interpretieren den Krieg als einen ökonomischen Vorgang. Es gehe darum, «Den eingebornen Kön'gen dort, von Bantam, / Von Java, Jakatra, was weiß ich? Raub / Zum Heil der Haager Krämer abzujagen.» (Vs. 2059) Von solcher Weltkenntnis lässt kaum eine Theateraufführung etwas verspüren. – Die ältere, die ursprüngliche Version, mit «Variant», ist, so nimmt man heute an, diejenige, die Goethe am 2. März 1808 in Weimar aufführen ließ; einen Beweis gibt es nicht. Die motivische Kohärenz des Kunstwerks ist ohne den «Variant» größer. Die ältere Fassung ist objektiv zu lang, ungefähr um so viele Verse, wie Kleist 1811 im Druck im Anhang bot.

Die Entstehungsgeschichte ist von einer biographischen Legende überlagert, der Erzählung von einem «Dichterwettstreit» im Frühjahr 1802 in Bern. Dieser Wettstreit hat nie stattgefunden. Es ist eines von den vielen Beispielen dafür, wie sich Zeitgenossen selbst ein Plätzchen in der Literaturgeschichte zuzuschreiben versuchen. Der Kern der krausen Legende besteht darin, dass in Zschokkes Wohnung ein Kupferstich hing, auf den noch einzugehen ist. Dieses Bild hat Kleist zu dem *Zerbrochnen Krug* angeregt. Kleist hätte sich 1811 gegenüber der literarischen Öffentlichkeit taktisch dann klug verhalten, wenn er *nur* den gekürzten Text veröffentlicht hätte. Anpassung war seine Stärke nicht. Eine Gefahr für die Wirkung besteht darin, dass die nächtlichen Vorkommnisse in Eves Zimmer dreimal vorgeführt werden. Zunächst rekonstruiert der Zuschauer sie selbst, und das rasch, aus dem Dialog, den er mitverfolgt. Dann werden die Vorgänge durch die Befragung der am Geschehen Beteiligten noch einmal, und das weit gründlicher, erzählt. Schließlich kommen aber, drittens, so gut wie alle Geschehnisse in der langen Auseinandersetzung zwischen Eve und dem Gerichtsrat Walter, die die Hauptmaterie des «Variant» bildet, noch einmal wieder vor.

Hauptthemen des Lustspiels sind: ein Richter, der sich schuldig weiß, dies aber zu verbergen suchen muss, die Geschicke des Krugs, ein junges Paar. Nach der Gattungskonvention wäre in der Hauptsache das Letztere wichtig gewesen. Für Kleist war das eher ein Nebenergebnis seiner Motivführung. Im Vergleich zu allem, was das damalige Theaterpublikum gewohnt war, ist das soziale Milieu des Personals in dem Kleistschen Stück herabgestuft. Im Grunde sind es Bauerntölpel, die da auftreten, auch Eve hat etwas von einer bäuerlichen Trine an sich. Bauern dienen in der dramatischen Literatur herkömmlich zur Belustigung für andere. Noch in Gerhart Hauptmanns *Ratten* ist es fast eine literarische Revolution, solche Gestalten als Menschen mit tiefgreifenden Problemen auftreten zu lassen. Kleist aber hatte sogar den Vers der hohen Tragödie verwendet. Hinzu treten die Geschicke des zertrümmerten Krugs, sie sind ins Groteske überzeichnet. Ein Prachtstück einer Ekphrasis. Dieser Motivstrang läuft als eine zweite, kontrapunktisch, also selbständig geführte Stimme neben der Hauptstimme einher, doch mit deutlicher Beziehung auf sie, ähnlich wie die Rappen im *Kohlhaas*.

Mit einem Richter als Hauptfigur, er mag beschaffen sein, wie er will, gelangen öffentliche Belange auf die Bühne. Fehlerhaftigkeit der Justiz ist ernstlich nur im Trauerspiel denkbar. Das färbt auf den gemischten Charakter des *Zerbrochnen Krugs* ab. Der Spielraum der Gattung wird außerdem dadurch strapaziert, dass gerade für die Hauptperson, den Richter, die Sache nicht gut ausgeht. Der Zuschauer mag es für eine komische Pointe halten, dass nach dem Schluss der Gerichtsverhandlung, jenseits der Lustspielhandlung, der Prozess in der Berufungsinstanz weitergeführt werden soll. Für den Richter Adam ist das nicht komisch. Der Gerichtsrat will zu diesem Zeitpunkt den Richter, präziser: die Institution des Gerichts in der Person des Richters, schonen. Aber der Zuschauer hat Grund zu zweifeln, dass die Bedingung dafür erfüllt ist, nämlich dass die Kassen dieses dörflichen Gerichts korrekt geführt sind.

Der Stich von Jean Jacques Le Veau *Le juge, ou la cruche cassée* gibt ein nicht erhaltenes Bild von Philibert-Louis Debucourt wieder. Es baut sich aus zwei verschiedenen, aufeinander bezogenen Bildern auf. Links ein Blick in ein Interieur mit vornehm gekleideten Herrschaften, einer schönen jungen Dame, wie auf Gemälden Vermeers, und zwei Herren, der ältere verlässt das Haus, der junge strebt hinein, im Hintergrund eine Frau, offenbar eine Kupplerin, die aufgeregt mit den Fingern ihrer Rechten den Preis signalisiert. Gut zwei Drittel des Stiches füllt rechts allein die bekannte Szene. Unmittelbare Kontrahenten sind ein amüsiert sich vorbeugender Schreiber und eine Alte, die mit dem Zeigefinger ihrer Rechten auf einen jungen Mann weist. In der Mitte ein Mädchen, mit einem lädierten simplen Milchkrug am Arm, dann ein Alter, der eine Art Pantoffel in die Höhe hält. In einem mächtigen Sessel der ratlos erstaunte Richter, vielleicht eher ein Patronatsherr, er trägt keine Perücke. Die «Erfindung» Kleists, d. h. die thematisch-kompositorische Grundkonstellation des Lustspiels, weicht also von Inhalt und Aufbau des Bildes von Debucourt stark ab.

Die Elemente der Bildvorlage stammen aus der niederländischen Malerei. Zweifellos hat die Rechtspflege in diesem Hause einen doppelten Boden. Der Richter (oder Patronatsherr) hat irgendwie mit beidem zu tun, mit jenem feinen Etablissement im Hintergrund *und* mit der Gerichtsverhandlung. Es besteht kein Zweifel, dass das gemeinschaftlich angeklagte junge Paar das Delictum tatsächlich begangen hat, das der zerbrochene Krug anzeigt. Mit dem Antlitz des jungen Mädchens zitiert der Künstler den Gesichtsausdruck des Mädchens auf dem berühmten Bild *La cruche cassée* von Jean-Baptiste Greuze, das Kleist mit Sicherheit aus dem Louvre kannte. Die Gesamtaussage des Bildes mag in etwa lauten: Kleinen Leuten geht es schlecht, sie kommen vor Gericht bei Angelegenheiten, die feine Leute auf ihre Weise handhaben, nämlich indem sie zahlen.

Der Sophokleische *König Ödipus* hat mit seinem analytischen Bauplan Kleist auf das Thema des schuldigen Richters gebracht. Deshalb kann man zugunsten der kürzeren Fassung argumentieren. Sie hat in der Hauptsache dieses Thema, und sie endet auch mit einem indirekten Schuldeingeständnis des Richters, seiner Flucht nämlich. Thema und Bauplan entsprechen einander. Über das Thema des Kleistschen Lustspiels könnte heute, da religiöse Bildung verblasst ist, leicht eine Diskussion entstehen: Hier treten ein Adam und eine Eva auf, mithin hat das Stück zwei Hauptfiguren, also ist an Entsprechendes zu denken. Zu einer solchen Interpretation scheint auch einzuladen, dass durch Wortspiele, Argumente, Gedankenführung und auch durch bestimmte Teile des Handlungsverlaufs tatsächlich die Sündenfallproblematik umkreist wird. Adam und Eva er- geben heute bloß noch ein erotisches Thema. Der Sündenfall, der «Fall» des Menschen, ist in das geschichtliche Abseits gera- ten. Der Richter Adam trägt keinen Vornamen. Einmal nennt er sich selbst bei seinem richtigen Namen: «Auf, aufgelebt, du al- ter Adam!» (Vs. 605) Der alte Adam dieses Lustspiels ist, kurz gefasst, der typologische Adam, der nach christlicher Auffas- sung, insbesondere nach dem pietistischen Bußkampfschema, untergehen muss, um als Wiedergeborener zu einem neuen Le- ben zu erstehen. Der Kampf gegen den alten Adam ist, christlich verstanden, der Sinngehalt des Lebens. Über Adam wird Ge- richtstag gehalten. Er selbst hätte die Prüfung auszuführen, aber zu dem Leben des Neuen Bundes gelangt der Adam dieses Lust- spiels nicht, er bleibt im Status des Sünders. Was Richter Adam angeht, ist der Ausgang des Lustspiels ohne Versöhnung, das Lustspiel wird zur «mittleren» oder «gemischten» Gattung hin verschoben. Wenn man den Text so auffasst, als werde hier ein beliebiges Individuum bestraft, dann ergibt sich eine bloße Grausamkeit aller gegenüber einem einzelnen Individuum, eine Banalität. Adam ist schon im ersten Auftritt ein weidwundes Wild, kreatürliche Angst jagt ihn im Kreis umher, von Einfall zu Einfall, und zum Schluss erledigt ihn – ausgerechnet – die komi- sche Alte aus dem hergebrachten Lustspielfiguren-Arsenal.

5. Penthesilea

«Mit der Penthesilea kann ich mich noch nicht befreunden. Sie ist aus einem so wunderbaren Geschlecht und bewegt sich in ei- ner so fremden Region daß ich mir Zeit nehmen muß mich in beyde zu finden.» So Goethe am 1. Februar 1808 an Kleist, der am 24. Januar das erste Heft des *Phöbus* übersandt hatte. Sein einleitender Text ist überschrieben: «Organisches Fragment aus dem Trauerspiel Penthesilea». Die acht Auftritte sollen eine zu- sammenhängende Folge erkennen lassen. Den Schluss hat Kleist nicht zitiert. Der Text im *Phöbus* ist eine Zwischenstufe, die zwischen einer älteren, in einer Kopistenhandschrift überlieferten Version und dem Erstdruck vermittelt, den Cotta im Juli 1808 herausbrachte. Briefliche Zeugnisse sichern den Arbeitsbeginn für Mai/Juni 1805 in Königsberg. Der Wert der existierenden Interpretationen der *Penthesilea* wird dadurch gemindert, dass niemand die erste, kürzere Version eingehend berücksichtigt hat. In ihr fehlen (noch?) gewichtige Partien, die den Vorgängen im Inneren der Protagonisten gelten. Dürfte man von einigen stilistischen Besserungen absehen, bliebe sogar der Eindruck zu prüfen, ob nicht die Handschrift eine kürzende Einrichtung für die Bühne biete. Goethes Brief als Ganzes widerspricht in seiner Harschheit allen Usancen, er spiegelt die Risse in der literarischen Konstellation der Zeit in eisiger Klarheit.

Die «Region», in der Weimars Klassik gegen 1808 sich bewegte, hatte in der Tat ihre Grenzen. Mit dem vergleichsweise geschlossenen Menschenbild der Dichtungen Goethes berührten sich die Gestalten und Fragen der Dichtung Kleists kaum. Beide Dichter bezogen sich auf den Krieg um Troja, Goethe mit seiner *Achilleis*. Eine derart divergente Nachfolge bezeugt indirekt den ungeheuren Reichtum der griechischen Antike. Bei Goethe die Klarheit der Umrisse eines John Flaxman, bei Kleist Farbigkeit und Bewegung wie bei einem Rembrandtschen Gewitterbild: «Seht, seht, wie durch der Wetterwolken Riß, / Mit einer Masse Licht, die Sonne eben / Auf des Peliden Scheitel niederfällt.» (Vs. 1033) Während sich in der *Ilias* nur schwache Hinweise auf die Amazonen finden, treten in Fortführungen, der *Aithiopís* etwa und bei nicht wenigen, entlegeneren Schriftstellern, fremde Völker, von den Rändern der bekannten Welt kommend, auf, aus dem Süden Äthiopier unter Memnon, aus dem Norden eine Schar Amazonen unter ihrer Königin Penthesilea. Bei Kleist stößt *alles* in diesem weltumspannenden Konflikt aufeinander und ineinander, Antike und Neuzeit, Griechen und Barbaren, Individuum und Staat, Frau und Mann.

In der Bildkunst der Antike sind Amazonen vielfach dargestellt worden, fast ohne Ausnahme jung und schön, die meisten verwundet oder sterbend, jedoch ohne entstellende Verletzung (Berger 1967 und 1994). Achill erscheint nicht selten in einer besonderen Beziehung zu Penthesilea. In der Überlieferung bringt einzig Thersites beide in einen erotischen Zusammenhang, in verhöhnender Absicht. Achill tötet ihn deshalb mit einem bloßen Faustschlag, einer Waffe ist er nicht wert. Ein Nebenmotiv tritt erst mit der jüngeren Gelehrsamkeit auf: die fehlende rechte Brust der Kriegerinnen; für sie gibt es mehrere Erklärungen, darunter auch unterbundenes Wachstum durch Abschnürung. Die gesamte bildende Kunst weiß davon nichts. Goethe scheint das für eine Erfindung Kleists gehalten zu haben. 1810 äußerte er zu Johannes Daniel Falk: «Die Tragödie grenzt in einigen Stellen völlig an das Hochkomische, z. B. wo die Amazone mit *einer* Brust auf dem Theater erscheint und das Publikum versichert, daß alle ihre Gefühle sich in die zweite, noch übriggebliebene Hälfte geflüchtet hätten.» (LS 281) Als Eindruck steht dies vielleicht nicht gerade an erster Stelle, *Penthesilea* enthält des Grauenhaften wahrlich genug.

Aus den vielfältigen Motiven, verstreut überliefert von zumeist entlegenen Autoren, eine geschlossene Geschichte zusammenzusetzen, wäre Kleist selber kaum möglich gewesen. Das kann man verfolgen etwa an vollgestopften Artikeln wie «Amazonen» oder «Penthesilea» in dem mythologischen Lexikon des Benjamin Hederich (1724), das man damals in der Überarbeitung durch Johann Joachim Schwabe (1770) benutzte. Nötig war hier Vorarbeit in Gestalt einer übersichtlichen Zusammenstellung, und eine solche gab es, die erzählende *Geschichte derer Amazonen* von Claude-Marie Guyon (1741), die deutsche Übersetzung von Johann Georg Krünitz ist 1763 erschienen. Niemals sonst hat Kleist so zahlreiche Motive und Namen aus einer einzigen vorhandenen Quelle geschöpft. Ihre eigentliche Gestalt, ihre Fügung freilich ist von seiner Hand.

Bei Kleist erscheint das Amazonenheer vor Troja, greift die Achäer ebenso wie die Trojaner an und stürzt damit die Griechen in gänzliche Ratlosigkeit. Sie nehmen wahr, dass Penthesilea es einzig auf Achill abgesehen hat, begreifen aber nicht, aus welchem Grunde. Der Zusammenstoß im Kampf mit Achill betäubt Penthesilea, so dass ihre Vertraute, Prothoe, ihr eine Zeitlang vorspiegeln kann, sie, Penthesilea, habe Achill besiegt und gefangengenommen. So gewinnt der ausgedehnte Mittelteil, ein Viertel des Dramas (14. und 15. Auftritt), weitgehende Selbständigkeit. Penthesilea erzählt Achill auf dessen hilflose, ja fassungslose Nachfrage von Entstehung, Geschichte, Gesetzen des Amazonenstaates. Es entfaltet sich die Andeutung einer aufkeimenden Liebesbeziehung zwischen Achill und Penthesilea. Das beruht vollständig auf der von Prothoe hergestellten Täuschung, die Achill zwar zulässt, an der er jedoch selber nicht beteiligt ist. Die siegreich zurückkehrenden Amazonen befreien ihre Königin. Achill führt in einem zweiten, von ihm nunmehr planvoll konstruierten Täuschungsmanöver sein eigenes Ende herbei, indem er ohne Rüstung und Waffen Penthesilea zum Schein zum Zweikampf herausfordert. Sie fühlt sich dadurch grenzenlos entwürdigt und zerfleischt Achill in Gemeinschaft mit ihren Hunden. Das Bewusstwerden ihres Irrtums kehrt sich als todbringende Waffe gegen sie selber. Der szenische Schlussgestus der Selbsttötung hebt zwar das Grundgesetz des Kriegerinnenstaates auf, bleibt aber eigentümlich in der Schwebe wie fast alle Dramenschlüsse Kleists: Es kommt nicht eindeutig zur Sprache, ob nur Penthesilea sich selber tötet oder ob das Amazonenreich überhaupt an sein Ende gelangt ist.

Kleist selber war stets der Auffassung, dass die Frauen grundsätzlich der leidende Teil der Menschheit seien. Darauf beruht letztlich der stilistische Erziehergestus seiner Bräutigamsbriefe, deren Absicht auch darin liegt, die sekundäre Rolle der Frau aufzuheben. Mit seinem Amazonenstaat-Experiment legt er den schärfsten Einspruch gegen die hergebrachte Konstellation der Geschlechter ein, auch gegen alles, was sich von einem Drama der Zeit bei diesem Thema erwarten ließ. Dafür hat er mit den barbarischen Frauen ein Gegenbild geschaffen, aus einer völlig anderen Antike als der, die seine Zeit aus Dichtung und bildender Kunst kannte. Bei Kleist gibt es nicht nur kämpfende Frauen, nicht nur Frauen in militärischen Formationen, sondern einen Frauenstaat als reinen Militärstaat. Der Frau als bloßer Gebärerin wird von Kleist nunmehr gegenübergestellt der Mann als bloßes Zeugungsinstrument, er wird entlassen, wenn er seine zugegeben leicht verlegen als reizvoll geschilderte Drohnenrolle ausgespielt hat. Die männlichen Neugeborenen werden getötet. All dies und seine Erklärung enthält der riesige Mittelteil von über 700 Versen, der in sich keinen dramatischen Zug trägt. Ein Gemisch aus Bewunderung und Grauen gleichermaßen nehmen Achill die Sprache. Eine für den Schauspieler, der den Achill gibt, schier unlösbare Aufgabe.

In Penthesileas Geschichtsdarstellung lebte in ferner Vorzeit am Fuße des Kaukasus ein Skythenstamm, der von den Äthiopiern unterdrückt wurde, die alle skythischen Männer töteten. Es ist ätiologisch entscheidend, dass der Amazonenstaat als reiner Gegenentwurf gegen die Despotie und Fremdherrschaft von Männern entstanden ist. Diese wurde abgeschüttelt durch eine Art feministischer Verfassungsversammlung, bei der die Frauen sich selber ein ebenso einseitiges Grundgesetz entwerfen, einen Verfassungsstaat wohlgemerkt. Die Verfassung wird geschaffen, nicht gegeben. Die Idee, die der deutschen politischen Entwicklung um Jahrzehnte vorgreift, ist Kleist als seine Erfindung zuzuschreiben. Ein ausschließlich weibliches Militär bieten Archäologie und schriftliche Quellen an keiner Stelle und schon gar keinen Frauenstaat.

Die Geschichte von der Königin des Frauenstaates ist durchzogen von machtvollen gegenläufigen Unterthemen. Es entstehen die denkbar extremsten Kontraste von Grauenvollem und Sanftestem, etwa dem Rosenfest. Als strukturelle Grundfigur kennt die Geschichte des Dramas kaum Vergleichbares. Penthesilea wird auf ihren Weg geleitet durch die Weissagung ihrer sterbenden Mutter: «Du wirst den Peleïden dir bekränzen» (Vs. 2138). Das verstieß fundamental gegen das Zufallsprinzip für die Partnerwahl im Kampfgeschehen der Schlacht, nach der Verfassung des Amazonenstaats war diese Bestimmung nicht aufhebbar. Aber auf welche Art «liebt» denn Penthesilea Achill? An Hingabe vermag sie nur in Momenten äußerster Schwäche zu denken. Ihr ganzes Wesen ist auf Übertreffen des «Partners» gestellt, für den bis kurz vor seinem Tod das Gleiche gilt. Achill ist, ganz wie in der *Ilias*, der größte, schönste und stärkste der griechischen Männer: «solch einem Mann, o Prothoe, ist / Otrere, meine Mutter, nie begegnet!» (Vs. 89) Erst kurz bevor Penthesilea von Achill getrennt wird, kommt ein Gefühlston in ihre Bewunderung hinein, da nennt sie Achill, «den mir die Mutter ausersehn – / Den Lieben, Wilden, Süßen, Schrecklichen, / Den Überwinder Hektors!» (Vs. 2184) Zerreißung als Strafe für Liebesverrat, in ihrem furchtbaren Ernst in der Antike und im Alten Testament nicht selten (Ohly 1986), erreicht bei Kleist einen Grad der Komplexität, der dem Interpreten seine Grenzen weist.

Penthesilea hat beim Anblick Achills ein erotischer Blitzschlag getroffen. Einer der Ätolier schildert, wie Penthesilea dem prachtvollen Wild nachjagt: «Seht! wie sie mit den Schenkeln / Des Tigers Leib inbrünstiglich umarmt.» (Vs. 396) Die Schenkel einer Königin werden in Weimarischer Ästhetik grundsätzlich nicht dargestellt, schon gar nicht, dass sie etwas umarmen, auch keinen Schecken oder gar seinen «Leib». Das «inbrünstiglich» lässt keinen Zweifel an der in Zeiten der Kultur von Weimar/Jena unerhörten Gewalt der Erotik – jedenfalls auf der Bühne. Dass all dies zeichenhaft ist, macht die Rolle klar, die im Vergleich das Pferd für Achill spielt. Der kommt im Viergespann daher, sogar mit Fahrer, Automedon. Achill stürzt und verfängt sich so sehr im Geschirr seines Streitwagens, dass er in Lebensgefahr gerät. Seine Quadriga signalisiert: Dies ist einer der Höchstgestellten in der Armee. Der Schecke der Mänade verkörpert Erotik als Elementarmacht. Doch nicht einmal dies schließt vollständig auf, was Liebe nach Penthesileas Verständnis wäre.

Kleist hat seinen Text in Dresden im Hause Körner vorgelesen und damit vermutlich nicht nur den Damen einiges zugemutet. Auf Befremden, gar Widerstand gestoßen ist er in dem hochgebildeten Kreise mit seinem Drama nicht, im Gegenteil. Emma Körner tadelte, dass die im Januar-Heft des *Phöbus* abgedruckten Szenen des *Organischen Fragment*s «nicht vorteilhaft gewählt sind, es gibt noch weit vorzüglichere in dieser Tragödie». (LS 262)

In diesem Zeitpunkt existierte eine faszinierende dichterische Idealkonkurrenz, die keine gebührende und das muss heißen unparteiische Aufmerksamkeit findet. Im *Phöbus*-Kreis wusste man von Goethes *Achilleis*, 1797 begonnnen und 1808 in Band 10 der *Werke* bei Cotta erschienen. Sie gilt ebendemselben Moment des Trojanischen Krieges bei Homer, unmittelbar vor Achills Tod. Dieser ist bei Goethe, wie seit jeher, vorausbestimmt. Bei Kleist jedoch wird er, völlig anders, in kompliziertem Handlungsgewebe aus den Existenzbedingungen und Reaktionen beider Protagonisten heraus entwickelt. Troja bei Goethe, das ist eine sonnenüberglänzte Folge von Gesprächen der Olympier und Heroen, Streitigkeiten eingeschlossen. Die Skamandros-Landschaft bei Kleist ist im Gegensatz dazu rein irdisch, eine Gebirgs- und Flusslandschaft, in farbigen, oft düsteren Tönen gehalten. Der Strom oder überhaupt Wasserfluten, das sind für Kleist Schlüsselsymbole der lebendigen menschlichen Existenz. Götter sind verborgen, doch vorhanden: Mehrfach spricht der Donner, als die sinnverwirrte Penthesilea zu ihrem letzten Kampf aufbricht. Goethes *Achilleis* wurde ab Herbst 1807 für den Druck vorbereitet, am 8. Dezember ging das Paket mit dem Manuskript an Cotta ab, «mit der fahrenden Post», also nicht eilig. Am 17. Dezember 1807, eine Woche danach, wurde der *Phöbus* gleichsam geboren. Noch Ende Januar 1808 bemühte sich Adam Müller um den Ersten Gesang, mehr kam auch nicht zustande, von Goethes Epos zur Feier des größten der homerischen Helden. Ein Gespräch beider Dichter über Achill und Penthesilea ließe sich nicht erdenken.

Penthesilea ist das einzige seiner Bühnenwerke, von dem Kleist etwas gesehen und gehört hat. Die berühmte Schauspielerin Henriette Hendel-Schütz hatte neben ihrem eigentlichen Bühnenberuf eine Sondergattung «mimisch-plastischer Darstellungen» entwickelt und unternahm damit ausgedehnte Tourneen. Im April und Mai 1811 trat sie mit *Penthesilea* in Berlin auf, unter erheblichem Publikumsandrang. Erläuterungen und Rezitationsproben ihres Ehemanns trübten den Eindruck (LS 489 a–e). – Hohen Anspruch erhob dann ein 1834 von Eduard Devrient gegründeter «Verein dramatischer Künstler», eine Einladung zu einer Lesung der ersten vier *Penthesilea*-Szenen ist ausgesandt worden, die Lesung kam wahrscheinlich nicht zustande (Federhofer KJb 1994). Die Uraufführung der *Penthesilea* fand erst vier Jahrzehnte später in Berlin statt, mit

Clara Ziegler, deren bombastische Sprechweise dem Kritiker
Theodor Fontane zum Schrecknis wurde – der Zufall bewahrte
ihn vor diesem Abend.

6. Das Käthchen von Heilbronn
oder die Feuerprobe

Dass Heinrich von Kleist einmal zum Autor eines Dramas avancieren würde, das anlässlich einer Hochzeit Napoleons – es war
seine zweite – einstudiert wurde und mit dem er seinen einzigen
größeren Bühnenerfolg zu Lebzeiten erzielte, ist eine Paradoxie,
ja Groteske: Sein *Käthchen von Heilbronn oder die Feuerprobe*
in Festaufführung in Wiens schönstem, größten, technisch mo-
dernsten Theater, dem Freihaustheater (auch Theater auf der
Wieden oder Wiedner Theater). Es war insbesondere für progressiv Neues zuständig. Zwölf Aufführungen erlebte das *Käthchen* dort. Die Hochzeitsfeierlichkeiten für Napoleon, vertreten
durch den Marschall Berthier, und Marie Louise von Österreich
waren für Kleists politische Position ein absoluter Tiefpunkt.
Die wohlberechnete Verbindung von Österreich und Frankreich
benahm alle Hoffnung auf einen Krieg.

Von «diesem bösen Geiste der Welt» hegte Kleist sonst eher
die Meinung, dieser sei eine Gestalt der Apokalypse. Damit war
er der Realität näher als die meisten Autoren der Schriften über
Goethes Napoleonverehrung. Das neuerrichtete Theater auf der
Wieden, Uraufführungsort des *Fidelio* und weiterer bedeutender Werke Beethovens, stand so nah am Ort des Vorgängerbaus,
in dem 1791 die *Zauberflöte* zuerst herauskam, dass man Kleist
in solche Traditionslinie einfügen darf, der vollständige Titel
seines Dramas (mit *Feuerprobe*) legt das ja auch nahe. Zwei
Fragmente aus Kleists *Käthchen von Heilbronn* erschienen Anfang Juni 1808 und Anfang 1809 im *Phöbus*. Sie entstammen
unterschiedlichen Versionen (Kreutzer 2009. 178–186), der Erstdruck von 1810 bietet noch eine dritte. Drei Versionen eines
Dramas, für Kleist ein Normalfall. Sein beständiges Verbessern
verstanden seine Zeitgenossen so, als arbeite er «sehr schwer
und mühsam» (Brentano, LS 346). Da zeigen sich unterschied-

liche «Schulen» in der Dichtung einer Generation. Die bloße
«Musik der Rede» (*Penthesilea* Vs. 2389), die Kleist nichtssagend
fand, fließt leichter in die Feder, wenn es um Reime und Asso-
nanzen geht.

Von vergleichbar hoher Bedeutung für Kleists Wirkungsgeschichte waren im 19. Jahrhundert noch zwei weitere seiner
Werke, der *Zerbrochne Krug* und *Michael Kohlhaas*. In dieser
Auswahl wirkte Kleist sehr «deutsch». Eine andere Linie seiner
Wirkung, ausgehend von Fehldeutungen seiner vaterländischen
Dramen, *Herrmannsschlacht* und *Prinz von Homburg*, kam
erst später auf. Sie gewann mit dem Zweiten Kaiserreich Le-
benskräfte, nach dem Ersten Weltkrieg wurde sie zunehmend
pervertiert. Erst als letzte, gegen 1900, wurden die Griechen-
dramen, wenn man sie denn so nennen darf, *Amphitryon* und
Penthesilea, in das Bild eingefügt, das man sich von Kleist gemacht hatte. Die beiden frühesten seiner Dramen sind bis heute
weitgehend im Dunkel geblieben, mit ihnen die großen gesell-
schaftspolitischen Themen. Das sind das Eigentum, in Gestalt
eines Erbvertrages Ausgangskonflikt des Erstlingsungetüms *Die
Familie Ghonorez/Schroffenstein*, und der Staat, die Legitimation von Herrschaft im *Robert Guiskard*.

Das Käthchen von Heilbronn ist entstanden, als Kleist sich
zum erstenmal in einer großen deutschen Stadt mit ausgepräg-
tem literarischen Leben aufhielt, in Dresden. An Vorlesungen
Gotthilf Heinrich Schuberts im Winter 1807 auf 1808, die Kon-
zepte romantischer Naturwissenschaft bündelten, hat Kleist
teilgenommen. Sie boten ihm keine Offenbarungen, vielmehr
Rückerinnerungen an Grundlinien seines Weltbildes, mit dem
Prinzip der Analogie, das Erscheinungen der physischen und
der Geisteswelt, der «moralischen», zusammenschloss, ferner
die Verbindung von Vergangenheit, Gegenwart und Zukunft im
Gedanken der Palingenesie, schließlich und vor allem dem
Glauben an die Wiedergewinnung eines Urzustandes durch die
Vorstellung von der Vervollkommnung der Wesen. Getragen
wird dies von der Konzeption der Welterklärung, die unter dem
Namen der «Aurea catena Homeri» zusammengefasst wird
(Ohly 1990 und Kreutzer 2009. 66–80).

Kleist war mit der Gestalt seines Schauspiels, wie es im Druck erschien, nicht einverstanden. Gegenüber Marie von Kleist beklagt er 1811, das Stück teilweise verdorben zu haben: «Das Urtheil der Menschen hat mich bisher viel zu sehr beherscht; besonders das Kätchen von Heilbron ist voll Spuren davon. Es war von Anfang herein eine ganz treffliche Erfindung, und nur die Absicht, es für die Bühne paßend zu machen, hat mich zu Mißgriffen verfuhrt, die ich jetzt beweinen mogte.» (S. 484) Die existierenden Urteile über Kleists *Käthchen* sind also schief, aber wir können nicht sagen, in welchen Punkten. Vermutlich dachte Kleist an seine Überarbeitung im Sinne des Wiener Geschmacks, die er für die Aufführung hergestellt hatte und dann in Druck gab.

Über die Herkunft des Stoffes ist nichts Gewisses bekannt. Katharina, die fünfzehnjährige Tochter des Heilbronner Waffenschmieds Theobald Friedeborn, folgt ohne erkennbaren Grund dem Grafen vom Strahl auf dem Fuße, von dem Augenblick an, in dem sie ihn – an der Handlungsoberfläche zum erstenmal – erblickt. Der Graf fühlt sich von ihr verfolgt, die permanente Gegenwart eines jungen Mädchens muss ihn in der Öffentlichkeit diskreditieren. – Mit Käthchen konkurriert eine zweite weibliche Figur, das Freifräulein Kunigunde von Thurneck. Das Käthchen wird am Ende gerechtfertigt, nachdem sich herausgestellt hat, dass sie eine Kaisertochter ist, wie der weissagende Engel verkündet hatte. Dem Fräulein Kunigunde ist die Heirat Mittel zum Zweck. Dass der Graf das in einem bestimmten Moment, spät erst, erkennt, ergibt den Wendepunkt im Drama. Käthchen hingegen besteht in ihrer Treue zum Grafen eine Feuerprobe. Kunigunde geht es darum, die Rechte über ein, übrigens ansehnliches, Territorium zu erlangen. Sie versucht das mit einem im mittelalterlichen Sinne formal geregelten Verfahren, der Fehde, mit mehreren sogar. Im Zuge der dritten, die der Rheingraf für sie führt, fällt Kunigunde dem Grafen vom Strahl als Gefangene in die Hand.

Der erste Akt, Skizze einer Femgerichtsverhandlung, dient, wie Drameneingänge bei Kleist oft, in der Hauptsache dazu, das im folgenden zu lösende Rätsel herauszustellen. Das Rechtsverfahren selbst ist für den Grafen im höchsten Grade gefährlich. Femgerichte verhandelten ausschließlich über todeswürdige Verbrechen, wird der Graf verurteilt, dann wird er hingerichtet. Verklagt ist er wegen Zauberei, im historisch angedeuteten Zeitalter eines der schwersten denkbaren Verbrechen. Das wirkungsmächtigste Exempel bietet der Doktor Faust, den der Teufel selber holt. Die Feststellung des Hohen Gerichts, Käthchen sei schlicht verliebt in den Grafen, das sei das Natürlichste von der Welt, und dieser sei darum freizusprechen, bleibt an der Handlungsoberfläche.

Ein Monolog verbindet die beiden ersten Akte, ein überschwengliches Liebesbekenntnis des Grafen, es gilt der Katharina Friedeborn. Verbreitete Deutung lautet, es liege ein Standeskonflikt vor, der Graf bewältige das Faktum der Unebenbürtigkeit nicht, darin liege ein nicht zu tilgender Makel des Dramas. Das ehrwürdigste Zeugnis dafür ist ein Tagebucheintrag Friedrich Hebbels vom 21. Februar 1845. Ein solches Fehlurteil verhindert ein Verständnis des Dramas entscheidend. Wenn wir uns im Umkreis des Volkslieds befänden, etwa mit Gottfried August Bürgers Ballade *Graf Walter*, dann käme das Mädchen, das dem Grafen begegnet, tatsächlich aus dem Volke. Das ergäbe eine andere Struktur, die auch als tragisch gedeutet werden könnte. Der Waffenschmied aber gehört in die ritterliche Lebenswelt, es besteht keine eigentlich soziale Differenz. Für den analogen Fall des Rosshändlers Kohlhaas hat das Achim von Arnim in einem Essay-Fragment, erhalten in seinem Nachlass, einmal differenziert beschrieben (vgl. S. 93). In Louis Spohrs Faust-Oper, in die fast ebenso viel aus Kleists *Käthchen* wie aus Goethes *Faust* eingeflossen ist (Kreutzer 2003. 28–45), wurde aus dem Käthchen eine Goldschmiedstochter Röschen. Da ist dann der Unterschied der Stände gegeben.

Ein Gefühl in der Brust des Grafen sagt ihm, Käthchen sei in einem höheren Sinne die wahre Braut. Zu seiner Vergewisserung ruft der Graf in seinem Monolog, am Beginn des II., des Kunigundenaktes, die Bilder seiner Ahnen als Autoritäten herauf. Deren Reaktion ist eindeutig. Sie antworten im wortlosen Spiel, das der Graf im Monolog choreographiert: «– – – Ihr grauen, bärtigen Alten, was wollt ihr? Warum verlaßt ihr eure goldnen Rahmen, ihr Bilder meiner geharnischten Väter, die meinen Rüstsaal bevölkern, und tretet, in unruhiger Versammlung, hier um mich herum, eure ehrwürdigen Locken schüttelnd?» (798) Graf Wetter vom Strahl meint, die Ahnen wollten ihn von einer unstandesgemäßen Verbindung abhalten. So würde das Hebbel deuten. Die Ahnen schütteln zwar, zweifellos abratend, die Köpfe, jedoch *nachdem* der Graf seinen Verzicht auf Käthchen kundgetan hat. Ihre abwehrende Pantomime hat zur Folge, dass der Graf sich die Frage «Was wollt ihr?» falsch beantwortet.

Die drei Fehden Kunigundes haben gleichartigen Ursprung, stets geht es um einen Eigentumskonflikt. Kunigunde ist zunächst eine Dame, die die Männer mit wohlberechnetem Aufputz und empfindsamer, exaltierter Rede bezaubert. Dem moralischen Defekt der schönen Kunigunde hat Kleist aber noch einen weiteren hinzugefügt: Physisch ist sie von absurder Hässlichkeit, nämlich im morgendlichen Rohzustand, unmittelbar nach dem Aufstehen oder noch im Bade. Falsche Zähne, die eindrucksvollen Locken sind eine Perücke, der schlanke, hohe Wuchs verdankt sich einem Korsett aus Schwedenstahl. Kleist lässt Käthchen die Sprache verlieren, als sie Kunigunde im Bad ohne ihre Zutaten erblickt hat. Das Bad ist eine sonderbare Stelle im Drama. Im Park eines Schlosses der Farnese mag man sich eine solche Grotte, auch mit mehreren Nischen, wohl denken, aber auf einer mittelalterlichen deutschen Burg herrschten andere Verhältnisse. Ob Kleist da, wie so oft, einer bildkünstlerischen Anregung gefolgt ist, etwa in der Art von Moritz von Schwinds freilich viel jüngerem *Melusine*-Zyklus im Wiener Belvedere?

Der Höhepunkt der Oberflächenhandlung, der Wendepunkt im Drama, ist der große Schlossbrand im III. Akt. Hier besteht Käthchen ihre Feuerprobe, nämlich durch Opferbereitschaft. Das Verhältnis von Kunigunde und dem Grafen dokumentiert oder symbolisiert eine Schenkungsurkunde über die Herrschaft Staufen. Die Urkunde war im brennenden Schloss liegengeblieben. Da Kunigunde nicht geradezu sagen kann, worum es ihr

geht, klagt sie um ein Bildnis des Grafen, das im Feuer verlo-
renzugehen drohe. Käthchen rettet das Porträt aus den Flammen, erhält aber zum Dank Schläge, weil sie es ohne das zuge-
hörige Futteral bringt. Auch dieses findet Käthchen dann, im
zweiten Versuch, da aber zeigt sich, dass der Inhalt in der Schenkungsurkunde besteht. Eigentumsstreben, man denke an Rousseau, leitet den Absturz Kunigundes aus allen ihren Hoffnungen
ein. Wenig später besteht Käthchen, um zur Strahlburg zu gelangen, auch eine Wasserprobe, das ist ihre Weigerung, sich zu
schürzen, um einen Bach zu queren. In einer solchen Anspielung
auf die Feuer- und Wasserprobe der *Zauberflöte* liegt eine mög-
liche Deutung des Kleistschen Untertitels.

Die Tiefenstruktur des *Käthchen* ist Traumhandlung. Käthchen bezieht ihre Gewissheit aus der Verkündigung eines Che-
rubs. Dieser geleitet sie durch ihre Feuerprobe: Erst fällt das
brennende Schloss in sich zusammen, *danach* erscheint Käthchen in dem allein stehengebliebenen Torbogen, hinter ihr der
Engel, der einen Palmzweig über sie hält. Die Palme ist in griechischer wie römischer Antike Siegeszeichen, christlich gedeutet
kennzeichnet sie den Märtyrer als Überwinder. Sehen kann den
Cherub nur der Zuschauer, die Personen auf der Bühne haben
sich alle vor Entsetzen abgewendet. Rettung aus einem brennenden Haus, ein auszeichnender Gestus der schützenden Hand
des Himmels, erfahren auch die Rappen des Michael Kohlhaas.
Der Traum, so dachten die romantischen Naturphilosophen,
hat neben seiner retrospektiven gleichermaßen eine prognosti-
sche Kraft. Diese bestimmt Käthchens Verhalten, als sie im
Hause ihres Vaters den Ritter wiedererblickte, den ihr der Engel
zugeführt hatte. Dem Grafen hatte der Engel die Kaisertochter
geweissagt, indem er ihm die vorausbestimmte Braut im bloßen
Hemdchen gezeigt hatte. Merkwürdigerweise hat damals der
junge Graf seinen Traum sogleich erzählt. Jedermann auf der
Strahlburg weiß davon, so dass die Haushälterin die sonderbare
Geschichte später der gefangenen Kunigunde zu erzählen Gelegenheit erhält. Das Zusammenfügen aller Einzelheiten der
Weissagung des Engels, aus dem Gedächtnis beider Träumer,
gelingt dem Grafen unter dem Holunderstrauch (IV, 2). Das

träumende Käthchen wird da zur selbstgewissen Anführerin in
der Situation. Die Szene erhält einen erotischen Spielwitz, der in
der deutschen Dichtung seinesgleichen sucht, zumal einer guten
Schauspielerin auch noch allerlei Möglichkeiten der körper-
sprachlichen Entfaltung zu Gebote stehen. Der Regisseur dürfte
sich sogar auf den trocknen Zynismus einlassen, mit dem Kleist
seine außergewöhnlich lange Bühnenanweisung beschließt (das
Käthchen hat n.b. gerade seine Wasserprobe bestanden): «An
den Zweigen sieht man ein Hemdchen und ein Paar Strümpfe
u.s.w. zum Trocknen aufgehängt.»

Dem Doppeltraummotiv liegt der uralte philosophische Mythos von der sogenannten Hälftenliebe zugrunde. Platon lässt die
Erzählung in seinem *Symposion* (191 A) von Aristophanes vor-
tragen, als Erinnerungstraum an die ursprüngliche Einheit der
Menschen, die, nachdem Zeus sie zertrennt hatte, in Liebe wieder zueinanderstreben. In ironischem Habitus wird da von den
Androgynen erzählt, auf welche Weise die Ehebrecher entstanden und die Lesbierinnen und die Schwulen, und dass und warum sich gerade die letzteren in so besonderem Maße für hohe
Ämter eignen. Kleist modernisiert die Lehre von der Hälftenliebe oder Androgynie radikal, indem er ihr eine christliche Meta-
morphose eröffnet, ein entschieden romantischer Zug.

7. Die Herrmannsschlacht

Eines der Dramen Kleists fehlte nach dem Dritten Reich im Ka-
non seiner Werke, allenfalls erwähnt wurde es: *Die Herrmannsschlacht.* Ein einflussreicher Kleistforscher, Walter Müller-Seidel,
urteilte 1961: »Nur mit immer erneut auszusprechenden Vorbehalten wird man dieses Stück in das dichterische Werk Kleists
einbeziehen.« Dieses Urteil ließe sich aus der Geschichte der
Kleistdeutung, und dazu zählt auch die Bühnengeschichte, nicht
ableiten. Eher wäre das möglich bei der ebenso dezidierten Feststellung des gleichen Gelehrten, beim *Prinz von Homburg* habe
man es mit »dem ohne Zweifel reifsten Drama Kleists« zu tun.
Sind die beiden Dramen tatsächlich in ihrer Beschaffenheit und
auch in ihrem Wert grundsätzlich verschieden? Entstehungsge-

schichtlich gehören die Stücke zusammen, sogar unmittelbar nebeneinander.

Anfang Mai 1808 gab Kleist den *Phöbus* auf. Sein Brief vom 4. Mai an Rühle, nur im Entwurf erhalten, führt wirtschaftliche Gesichtspunkte an. Ungefähr um diese Zeit hat Kleist eine Wandlung in seiner Dichtung vollzogen. Mit einem heute altfränkisch klingenden Wort bezeichnet man sie als «vaterländisch». Mit «Vaterland» war um 1800 nüchtern die Herkunft qua Geburt gemeint. Die Ranglisten der preußischen Fußgarde führen in der Spalte «Vaterland» u. a. Pommern, Altmark, Schlesien, Curland, Priegnitz, Hildburghausen, Niederlausitz wie auch «Reich» (!) an. Kleist hat dem Verleger Reimer am 21. Juni 1811 ein Drama (*Prinz Friedrich von Homburg*), er nennt keinen Titel, als ein *«vaterländisches»* (erfolglos) angeboten. Da empfiehlt es sich, die enggefasste Bedeutung «brandenburgisch» ins Auge zu fassen.

Kleists Zeitgenossen kannten seine «vaterländischen» Dramen nicht. Einige machten als Privatpersonen brieflich Mitteilung davon. Ein Publikum hat Kleist mit beiden Werken nicht mehr erreicht. Veröffentlicht wurden sie erst zehn Jahre nach seinem Tode. Für die Zeitgenossen endete Kleists gedruckte dramatische Produktion mit *Penthesilea* und *Käthchen* in Bizarrerie. Dass gerade die «vaterländischen» Dramen Kleists zunächst im Verborgenen blieben, beruht ebenso auf ihrem eigenen Status wie auf der politischen Situation. Wie eng sie untereinander zusammenhängen, verdeutlicht schlaglichtartig ein unscheinbares Faktum: An dem einen Tage, dem 1. Januar 1809, sendet Kleist eine Reinschrift der *Herrmannsschlacht* nach Wien, in der Hoffnung auf eine Aufführung dort. Am nächsten Tag entlieh er aus der Dresdner Hofbibliothek maßgebliche Quellenwerke sowohl für den *Homburg* wie für ein Drama, das den Untergang Jerusalems in der Belagerung durch Titus Vespasianus im Jahre 70 zum Gegenstand haben sollte. Titus, 1791 in Prag der Titelheld von Mozarts letzter Oper, war römischer Oberbefehlshaber in der kaiserlichen Provinz Judäa, Kaiser wurde er erst 79.

An Kleists Erwägungen über diesen Dramenstoff war auch Ludwig Robert, der Bruder Rahel Levins, beteiligt. Kleists Be-

schäftigung mit dem Untergang Jerusalems überschneidet sich
mit zentralen Motiven sowohl des *Guiskard* wie der *Herrmannsschlacht*. Auch bei dem Titus-Drama steht im Zentrum
eine Belagerung, für die Belagerten verderblich, sie führt zu deren definitivem Untergang. Wie in der *Herrmannsschlacht* geht
die Bedrohung im Kern von dem Motiv der Zerstrittenheit aus.
Wie Kleist freilich mit einem jüdischen Staat und den unbedingt
zu nennenden jüdischen Führungspersönlichkeiten und den
Verschiedenheiten ihrer politischen Rollen hätte umgehen können, ist kaum vermutbar. Hier hätte der einstige Gardeoffizier
eine der ärgsten seiner Provokationen gestaltet. Das wäre auch
seinem jüdischen Helfer Ludwig Robert, mit dem er bis nahe an
den Tod aufrichtig befreundet war, zum Problem geworden. Die
immer von neuem aufgebrachten Versuche, Kleist mit Arnims
am 18. Januar 1811 gegründeter Deutscher Tischgesellschaft in
Verbindung zu bringen, werden durch diesen Dramenplan nicht
eben gestützt. Die motivischen Analogien bei *Guiskard* und
Herrmannsschlacht einerseits und dem Drama um Jerusalem
und den jüdischen Staat anderseits zielen in unterschiedliche
Richtungen. Wer werden die Sieger sein? Was bedeutet die Niederlage, Strafe oder Unglück? Parallel dazu entwickelte Kleist
offenbar Pläne zu einem Drama über Scipio Africanus und die
Eroberung der von ihrer Aushungerung zermürbten spanischen
Stadt Numantia.

Kleist wandte sich im Frühjahr 1809 zusammen mit dem
nachmals auch politisch aktiven Historiker Friedrich Christoph
Dahlmann nach Österreich. Er vertauschte Dresden mit Prag,
schlug sich auf die Seite des gegen Napoleon kämpfenden Österreich. Schon in den ersten Monaten des Jahres 1809 könnte er,
eventuell in der Rolle eines Kuriers, an den Plänen zu einer allgemeinen Erhebung, einem Volkskrieg, aktiv mitgewirkt haben,
doch fehlen für diese Vermutung tragfähige Beweise. Es liegt in
der Natur der Sache, dass dazu nur andeutende Hinweise überliefert sind. Ein Volkskrieg, in Preußen das Ziel einer bestimmten Gruppierung, gekennzeichnet mit Namen wie Scharnhorst,
Gneisenau, Clausewitz, war, der voraussehbaren politischen
Konsequenzen wegen, alles andere als eine Selbstverständlich-

keit. Gerade für geschulte Militärs erforderte er ein radikales Umdenken.

Die Deutung der *Herrmannsschlacht* hing seit jeher entscheidend von der politischen Situation und ihrem Wandel ab. Zu ihrer ersten Berliner Aufführung, sie fand am 19. Januar 1875, also erstaunlich spät, statt, vermerkte der Theaterkritiker Theodor Fontane: «Es ist absolut phrasenlos. Kleist schrieb das Stück im Degout gegen die Tugendbündler, frontmachend gegen die Welt der ,schönen Worte', und man muss ihm nachrühmen, seiner Aufgabe gerecht geworden zu sein. Die vaterländische Intention, sei es in Liebe oder Hass, haben hundert andre mit ihm gemein; aber was unter den Dramatikern dieses Jahrhunderts keiner hat wie er, das ist die großartige Unsentimentalität, die Schlichtheit des Ausdrucks, auch da noch, wo sich Unerhörtes vollzieht. Die *Dinge* sind groß, nicht die Worte.» Für Fontane steht die Sprache der Dichtung im Vordergrund, nicht die Gesinnung. Die erste Aufführung hatte 1860 in Breslau stattgefunden. Es bestanden von dieser Zeit an für das Publikum keine Zweifel, dass in diesem Drama nicht etwa Germanen gegen Römer kämpften, sondern unterjochte Deutsche gegen Franzosen. Am 19. Dezember 1808 bereits hatte Christian Gottfried Körner an seinen Sohn Theodor geschrieben, das Stück habe sonderbarerweise «Bezug auf die jetzigen Zeitverhältnisse [...]. Ich liebe es nicht, daß man seine Dichtungen an die wirkliche Welt anknüpft.» Deutlicher und zugleich präziser bekannte Kleist selber brieflich gegenüber seiner Schwester am 24. Oktober 1806: «Wir sind die unterjochten Völker der Römer. Es ist auf eine Ausplünderung von Europa abgesehen, um Frankreich reich zu machen.» Damit bekräftigte Kleist seine von Jugend auf konstant bleibende Interpretation der napoleonischen Eroberungspolitik. Er gibt ihr auch eine letztlich ökonomische Deutung. Solch politischer Realismus wird in dieser Zeit selten angetroffen. Wenn aber die «Römer» dieses Dramas etwas ganz anderes sind als die Römer der Geschichte, dann vermag die große deutsche Arminius-Tradition, vom Frühhumanismus bis Klopstock, zum Verständnis von Kleists Freiheitsstück nichts beizutragen, sie ist literarisch.

Als Agenten des Poggio Bracciolini im 15. Jahrhundert im Kloster Hersfeld den Codex entdeckten, der auch die *Germania* des Tacitus enthielt, glaubten die deutschen Humanisten, ein einzigartiges Beweisstück für eine Deutung des Ranges der Deutschen gefunden zu haben: Ein herausragender Klassiker, der bekannteste römische Historiker, Tacitus, hatte die Germanen gemäß ihrer überragenden Tüchtigkeit den Römern als bedeutendes Vorbild vor Augen gestellt. Bei Kleist bleibt davon einzig der Aspekt von Unterdrückung und Ausbeutung, den Teutoburger Wald kann man beiseite lassen. In der Hierarchie der dramatischen Motivik gewinnt die Freiheitsthematik ihre alles bestimmende Funktion. Das Handeln der Germanen ist strategisch wie menschlich von List und Täuschung bestimmt, wie sie es allerdings den Römern abgesehen haben. Da spielt der Versbau mit, denn die im deutschen Drama nicht gebräuchlichen Vers libres, die Kleist verwendet, sind, da französierend, eine subtile Camouflage.

Ein Kalkül von eiskalter Rationalität ordnet durchgehend die dramatischen Momente. Von irgendwelchen Gemütsaffekten kann in Herrmanns Handlungen keine Rede sein, auch nicht von Hass, dämonischem gar. Der angebliche «Furor» ist eine Erfindung der Interpreten. In Kleists *Katechismus der Deutschen* nennt der Sohn, vom Vater befragt, als seinen Feind lediglich «Napoleon», die Franzosen aber nur unter der näheren, zeitlich eingrenzenden Bestimmung: «so lange er ihr Kaiser ist». Napoleon, «der Korse», und «die Franzosen, die er beherrscht» (S. 482), werden mit Sorgfalt voneinander unterschieden. Man hat unter diesem Vorzeichen *Herrmannsschlacht* und *Die Verlobung in St. Domingo* nebeneinandergestellt, doch fehlt in Kleists Charakteristik der Franzosen ebenso wie in der der Römer der Vorwurf einer Kollektivschuld, wie sie Ruth Klüger erörtert. Die Spannung löst sich, als die beiden Strophen des Bardenchors Herrmann vor innerer Bewegung verstummen lassen. Die Gebärde weist über die Sprache hinaus. Musik oder Gesang kommen in Kleists Dramen selten und sehr kurz vor. Sie markieren stets Handlungsgipfel, die rein sprachlich nicht mehr darstellbar sind. Das hat mit einer vielbeschworenen und meist zu Unrecht bemühten «Sprachskepsis» Kleists nichts zu tun, Gesang und/oder Musik sind Hervorhebungen.

Zahlreiche Szenenwechsel machen das Drama bühnentechnisch kompliziert. Mit gutem Grund, denn es rührt an nicht wenige tiefgreifende Probleme, die in Thesenform genannt seien. Die «Zwei-Mächte-Theorie», auf der das Kriegsgeschehen beruht, spiegelt die vorgegebene politische Lage, die eine Wiederherstellung des Alten Reiches unter österreichischer Führung denkbar und vielfach auch wünschbar erscheinen ließ. In den politischen Schriften Kleists (s. Kap. V), sie blieben lange Zeit unbekannt, steht dieses Thema im Vordergrund. Vielleicht ist es kein Zufall, dass diese Schriften erstmals 1862 erschienen, als diese Frage tatsächlich in der Schwebe war. Sie wurde gewaltsam gelöst, im Sinn eines preußisch geprägten Nationalstaates. Der Tenor der Schriften Kleists hatte sich allerdings auf einen Ausgleich zwischen den beiden deutschen Hauptmächten gerichtet, auch in der *Herrmannsschlacht* ergreift Kleist, anders als in seinen proösterreichischen *Germania*-Schriften, nicht Partei. Die Schlacht ist infolgedessen nicht eigentlich eine Schlacht Herrmanns, auf ihn geht lediglich die Kriegslist eines überraschenden Angriffs in Zangenform zurück. Ohne eine vorherige Einigung der beiden Großen unter den «deutschen» Staaten, dieses die politische Botschaft, wäre der Kriegserfolg nicht zu erreichen gewesen. Dramaturgisch eignet sich ein so konzipierter Held nur wenig zum Zusammenspiel. Und so hat denn auch kein zweites Kleistsches Drama einen vergleichbar aktiven und zugleich isolierten Helden aufzuweisen. So kalkulierend Herrmann jedoch handelt, im alles entscheidenden Moment verhält er sich wie ein Spieler. Er geht ein absolutes Risiko ein: Ohne sich durch ein Bündnis abgesichert zu haben, überlässt er es der freien, in keiner Weise voraussehbaren Entscheidung des Suevenfürsten Marbod, wie dieser auf sein Vereinigungsangebot reagiert. Dieses Spiel Herrmanns glückt, und dadurch unterscheidet sich *Die Herrmannsschlacht* von Kleists Tragödien, bei denen in vergleichbaren Situationen durchweg die Kleistschen Spielarten der Hamartia, mit dem Zentralbegriff der aristotelischen Poetik des Dramas, zur Geltung gelangen, das sind Miss-

trauen, Irrtum, Täuschung, immer wieder Übereilung. Die Einigung beider großer Mächte ist ein utopischer Entwurf. Eine
Rechtfertigung dafür liegt in der Charakteristik Napoleons als
Verkörperung des absolut Bösen, dem nichts auf Erden gewach-
sen ist, es sei denn eine gleichermaßen dämonische Verkörperung des Bösen. Der Kampf der Germanen trägt chiliastische
Züge.

Die Einigung der Germanen und der Sueven gegen die Römer
beruht auf Unrecht und Greueltaten. Die Liste ist lang. Herrmann schließt mit den Römern ein Bündnis, einen Vertrag also,
in betrügerischer Absicht, er denkt nicht daran, ihn zu halten. –
Ein römischer Legat, modern gesprochen ein Diplomat hohen
Ranges, wird schlicht totgeschlagen, mit einer Keule, der Tötung mit einer Waffe ist er nicht wert. – Das Selbstbestimmungs-
recht (eines Stammesfürsten) wird der gewaltsamen nationalen
Einigung untergeordnet: Den Ubierfürsten Aristan lässt Herrmann ohne Verfahren enthaupten. – Tiefreichende menschliche
Verstörung legt Thusnelda an den Tag. An sich hat sie Ventidius
freigebeten. Als sie sich jedoch von seinem «Liebesverrat» über-
zeugen muss, lässt sie ihn vor ihren Augen von einer zuvor planvoll ausgehungerten Bärin zerreißen (Ohly 1986). Das spielt auf
Achills Tötung durch Penthesilea an. – Mit der Ermordung eines geschändeten Mädchens mag sich vielleicht der literarisch
gebildete Zuschauer noch notbehilflich zurechtfinden, der seinen Lessing kennt und sich an *Emilia Galotti* und an die Vorlage
bei Livius erinnert. Aber ihr volles Gewicht erhält die Hally-
Szene erst dadurch, dass der Leichnam der Ermordeten in fünf-
zehn Teile zerlegt wird, gemäß der Zahl der betroffenen Stäm-
me. Auch das ist Zitat, nämlich aus dem Alten Testament, obschon vereinfachend aus einer komplizierteren und weit
unmenschlicheren Geschichte (*Buch der Richter* 19 und 20).
Aber wie ist das im Zeitalter der Humanität zu rechtfertigen,
nicht nur im Drama, vom politischen Handeln zu schweigen?

Kleists Entschluss zum politischen Dichten wird markiert in
einer brieflichen Wendung an Heinrich Joseph von Collin, 20.
und 23. April 1809: «Ich auch finde, man muß sich mit seinem
ganzen Gewicht, so schwer oder leicht es sein mag, in die Waa-

ge der Zeit werfen [...].» Zugleich fragt er nach einer Aufführung der *Herrmannsschlacht* in Wien. Daran war natürlich nicht zu denken. Selbst einen Drucker oder Verleger hätte zu diesem Zeitpunkt das Schicksal des Nürnberger Buchhändlers Johann Philipp Palm ereilt, der auf Betreiben Napoleons hingerichtet wurde. Als Fontane, wie erwähnt, die erste Berliner Aufführung von 1875 rezensierte, hatte das Drama gleichsam sich selbst überholt: Am 18. Januar 1871 war König Wilhelm I. von Preußen zum Deutschen Kaiser ausgerufen worden. Da wurden Kleists «Römer» die Truppen des Erbfeindes Frankreich, und sie blieben es. In der Deutschen Demokratischen Republik machte man die Römer zu Amerikanern. Bei Kleist ist das Kriegsziel der Germanen nicht absolut eindeutig: «nach Rom» ruft Herrmann am Schlusse, aber er fügt hinzu: «Wir oder unsre Enkel, meine Brüder.» (Vs. 2631) Wieder ein eigentümlich schwebender Schluss.

8. Prinz Friedrich von Homburg

Das Schauspiel *Prinz Friedrich von Homburg* weist unter den Dramen Kleists den konzisesten Bau und die geschliffenste Sprache auf. Wie der Dichter in dieser für ihn besonders desorientierenden Lebensphase der Jahre 1809/10 ein derart konzentriertes Stück zustande bringen konnte, bleibt unbegreiflich. Die geschlossene Anlage fällt besonders auf: Die Eingangsszene kehrt als abschließende in Abwandlung wieder, doch ob beide auf der gleichen Ebene spielen, ist eine Kernfrage der Interpretation. Sehen wir da zwei Träume des Prinzen oder ist es einer? Die letzte Tragödie, die Kleist abgeschlossen hatte, *Penthesilea*, lag etwa zwei Jahre zurück. *Homburg* gehört zu der für die deutsche dramatische Dichtung dieser Zeit neben Tragödie und Komödie typischen «dritten Gattung», dem Schauspiel. In epochaler Nachbarschaft des *Homburg* stehen die *Herrmannsschlacht*, agitatorische Lyrik für einen Krieg und politische Prosa. Die Phase erstreckt sich bis zum Ende der *Berliner Abendblätter*, März 1811.

Gegenstand dieses letzten erhaltenen Dramas Kleists ist ein

Begebnis von 1675 aus dem schwedisch-brandenburgischen
Krieg. Es hat Charakter und Bekanntheitsgrad einer Schulbuch-
geschichte und ist von Friedrich dem Großen in den Rang eines
Stücks Preußenmythos erhoben worden: Kluge Milde des weisen Herrschers gleicht schwerwiegenden taktischen Fehler eines
vom Ehrgeiz beherrschten jugendlichen Kavalleriegenerals aus.
Indes, entscheidende Hinzufügungen Kleists ergeben komplizierte Motivierungen und reichern sie an, verändern den ganzen
Plot auch im Sinne einer epochalen Transposition, nämlich in
die Zeit unmittelbar vor einer antinapoleonischen Erhebung.
Im letzten Akt erinnern ein paar Verse Homburgs an den antirö-
mischen Abwehrkampf der *Herrmannsschlacht*: «Es erliege /
Der Fremdling, der uns unterjochen will, / Und frei, auf müt-
terlichem Grund, behaupte / Der Brandenburger sich [...].»
(Vs. 1758) Ging es in der *Herrmannsschlacht* im Sinne des Belli-
zismus darum, ein nationales Staatsgebilde allererst herzustel-
len, so gilt der *Homburg* der Gestaltung einer zukunftsweisen-
den inneren Form des Staates. Andeutend hat Kleist von «mancherlei Beziehungen» dieses Werks gesprochen, gemeint sind
Anspielungen auf Züge und Gestalten des zeitgenössischen
Preußen. Solange Preußendeutschland wuchs und wuchs, wie
hypertroph auch immer, vereinfachend gesagt von Bismarck bis
zu Hitler, wurde dieses stets rückhaltlos bewunderte Drama
als Lehrstück für Staatsbürger gedeutet. Preußen existiert nicht
mehr, und das ist eine der Ursachen dafür, dass der Ruhm Kleists
heute in stärkerem Maß auf den Fragen und Zweifeln beruht,
die seine Werke so radikal stellen. Folglich ist man heute auch
auf die Probleme, die der *Homburg* enthält, stärker aufmerksam
geworden. Was wäre, wenn dies Stück am Ende gar kein staats-
bürgerliches Lernmaterial böte, sondern wenn es ein Lehrstück
zumindest *auch* für einen ganz anderen Adressaten als bisher angenommen wäre, den Regenten nämlich?
  Dass die Ereignisse, Gestalten, Bilder aus konsequenten Moti-
vationen hervorgehen, gilt für alle Theatertexte Kleists. Diesem
Drama eigentümlich sind «poetische» Zeichen: Reben, Dolden,
Zweige, Pflanzen überhaupt, Blumen und Düfte («Levkoyen
und Nelken»), Wahrnehmung von Landschaft, von Nacht, von

Wolken im Dunstkreis, der Sieg der Sonne, nicht zuletzt aber der Garten, leicht befremdend als «im alt-französischen Styl» bezeichnet. Er verkörpert einen entsprechenden Herrschaftsstil. Im letzten Bild, in dem der Prinz in die Gemeinschaft wieder integriert wird, besteht das kennzeichnende Inventar dieses Gartens in einer Gartenbank, die um eine «Eiche» geführt ist, eine Bildfindung, die bei Caspar David Friedrich nicht verwundern würde. Überhaupt legt Kleist seine Besuche in der Dresdner und anderen Gemäldegalerien im *Homburg* offen, man begegnet z. B. Annibale Caraccis *Genius des Ruhms* (Vs. 172).

Die bedeutendsten Figuren in dem Spiel, das Kleist entworfen hat, sind diejenigen, die er selber erfunden und den geschichtlich überlieferten hinzugefügt hat. Es sind zwei, der Graf Hohenzollern und die Prinzessin von Oranien. – Kursorischer Durchgang: Eröffnung im Garten, in Kleists Fehrbellin das Bild des Friedens. Die Bekränzung des Prinzen in der Eingangsszene hat gemäß der romantischen Traumlehre prospektiven Charakter. Dramaturgisch ist es eine Verheißung. Die auffällige Wiederaufnahme der Eingangsszene am Schluss des Stückes findet herkömmlich eine Erklärung pädagogischer Natur. Sie setzt eine Art Spiraltendenz des Stückes voraus, im Sinne von Verheißung und Erfüllung. Nähere Prüfung ergibt zumindest kein eindeutiges Ergebnis in diesem Sinne. Das hängt wesentlich zusammen mit Kleists Verwendung der Traumsituation. In der ersten Szene befindet sich der Prinz tatsächlich im Traum. Er sagt dort Dinge, von denen er im Wachen nicht einmal wüsste, dass sein Unterbewusstsein sie enthält. Da träumt sich jemand Vater und Mutter und, als Krönung eines Heldenlebens, die Braut noch dazu. Als Dramenexposition ein Jahrhundert vor Sigmund Freud eine atemberaubende Erfindung, auch hochkomplex, denn da ein Prinz dies träumt und die Szene am Schluss, mit der ganzen Regentenfamilie, wiederkehrt, erstreckt sich dieser antizipatorische Wunschtraum von den Wurzeln der Existenz des Individuums gleichsam bis an das Dach des Staatswesens. Beide Szenen laufen im Garten vor dem Schloss ab. Erträumte Lösung wie konkreter Lösungsvorschlag also weder in der Wildnis noch im Schloss, sondern im Park, in gestalteter, in schöner Natur.

Wiederkehrender Spielort Kleists: die Rampe, die zum Schloss hinaufführt.

Dem Traumbild folgt abrupt nüchtern die Mitteilung des Schlachtplans. Das ist Akt II mit der Schlachtschilderung und anschließendem Aufbruch nach Berlin, er nimmt vergleichsweise wenig Zeit und Raum in Anspruch. Der von Ehrgeiz diktierte Angriff des Prinzen wird, wie der Bericht des Rittmeisters Mörner (Vs. 537) besagt, von Dritten keineswegs als entscheidender Fehler aufgefasst, da er ja auf den Opfertod des Stallmeisters Froben antwortet. Akt III enthält den tiefsten, von keinem der Beteiligten nachvollziehbaren Zusammenbruch des Prinzen, der um der Rettung seines nackten Lebens willen selbst Natalie, seine Braut, aufgibt. Eine derartige Selbstentwürdigung ist in der Dichtung Kleists ohne Beispiel. Sie geht weiter als die sogenannte Todesfurchtszene, mit der zeitweilig, insbesondere in den Anfängen, eine Ablehnung des Dramas, sei es auch gerüchtweise, begründet wurde.

Mit Akt IV, den sie praktisch beherrscht, übernimmt Prinzessin Natalie die Führung des Spiels, das der Prinz bereits verloren hat. Die definitive Peripetie ereignet sich im 4. Auftritt, der Prinz löst sie selber aus. Der Angelpunkt der Verwicklung besteht in den Vorstellungen vom «Vaterland» (Vs. 1121), das gilt bis zur vorletzten Szene. Verfechter des Prinzips «Recht» und «Gesetz» ist der Kurfürst. Dem stehen entgegen die Wünsche der anderen, «die lieblichen Gefühle auch» (Vs. 1130) regieren zu lassen. Diese Position übernahm in einer nun schon seit zwei Jahrhunderten geführten Auseinandersetzung die zurecht in hoher Geltung stehende *Homburg*-Oper von Ingeborg Bachmann und Hans Werner Henze (uraufgeführt 1960 in Hamburg). Zwischen diesen beiden Polen, Erziehung und Gefühl, bewegt sich die Bewertung der Gesinnungen und Handlungen in Kleists Schauspiel. Der Kurfürst will den «Zufall» ausschließen und spricht unablässig von Recht, Satzung, Gesetz, Regel. Die Entscheidung legt er in die Hand des Prinzen: «Wenn er den Spruch für ungerecht kann halten / Cassir' ich die Artikel» (Vs. 1185), das bedeutet: Ich hebe «das heilige Gesetz des Krieges» auf. Das wäre nicht einfach spätabsolutistische Willkür, dieser Fürst handelt vielmehr wie ein Glücksspieler. Immer wieder regiert der Zufall bei Kleist, gerade bei den wichtigsten Entscheidungen.

Die Prinzessin Natalie erweist sich als Inkarnation altpreußischer Gesinnung, indem sie ihre Rolle als «Chef» (Vs. 1226) des Regiments, das ja lediglich ihren Namen trägt, in eigener Verantwortung in praktische Tat umsetzt und mit beachtlichem schauspielerischen Talent vorgibt, einen Befehl des Kurfürsten auszuführen. Diese ihre Tat ist zu werten als erstes von insgesamt drei «Plädoyers» in dem Verfahren, an dessen Ende der Geist bestimmt wird, der Heer und Staat leitet. Beides ist bei Kleist immer wieder konzentrisch, wo nicht identisch. In solchen Problemlagen werden Zielsetzungen für die politische Realität immer wieder aus Verhaltensmustern der Vergangenheit gewonnen, die als exemplarisch galten. Was die Prinzessin hier «vorspielt», ist eine Variation der berühmten Seydlitz-Anekdote. Der Reitergeneral Seydlitz hatte, mit der Drohung konfrontiert, er werde sein Zögern «nach der Schlacht mit seinem Kopfe zu verantworten haben», entgegen wiederholtem Befehl des Königs zum Angriff, den von ihm selbst bestimmten Moment abgewartet und ließ antworten: «nach der Schlacht steht ihm mein Kopf zu Befehl, in der Schlacht möge er mir aber noch erlauben, daß ich davon für seinen Dienst guten Gebrauch mache.» Eine wörtliche Anspielung darauf gibt Kottwitz (Vs. 1604). Dass Kleist mit dem Seydlitzbiographen und Literaturtheoretiker Friedrich von Blanckenburg, wenn auch sehr entfernt, verwandt war, sei vermerkt.

Analog dazu stehen die beiden Plädoyers Hohenzollerns und Kottwizens. Ersterer beweist, dass der Fürst den prognostischen Traum des Prinzen im Garten mitverursacht habe. Das trifft den Kurfürsten sichtlich, denn er reagiert ausfällig. Kottwitz, im dritten der Plädoyers, argumentiert gefühlsmäßig, aber doch so überzeugend, dass der Kurfürst unsicher wird. Kottwitz führt am ehesten die Stimme Kleists. Hier, gegen Ende, gewinnt das scheinbar immer noch vom Todesurteil überschattete Geschehen lustspielhafte Züge, denn Hohenzollern und Kottwitz halten ihre sowohl rhetorisch wie inhaltlich bewundernswerten

Reden, als der Prinz sie durch seine eigene Entscheidung bereits überflüssig gemacht hat.

Dieses Lieblingsstück des im Geiste der Subordination erziehenden Deutschlehrers von einst zielt auf eine neuartige politische wie militärische Situation, die eine Ablösung der spät- und nachfriderizianischen Heeresordnung erzwang (Paret 2009). In diesem Sinne weisen *Herrmannsschlacht* und *Homburg* je eigene Wege. Während die *Herrmannsschlacht* jedwede taktische Hinterlist anempfiehlt, vorausgesetzt, sie bringt Erfolg, gründet der *Homburg* auf wertbestimmten Fundamenten. Der Prinz könnte sich durch seine bloße Unterschrift retten. Zur Maxime erhoben, entstünde daraus ein Staatswesen, konkret: eine Heeresverfassung von ganz anderem Zuschnitt.

Briefschreibeszenen sind, da polyperspektivisch, besonders lebendige dramatische Handlungsbauteile, man denke an Gräfin und Susanna in *Le nozze di Figaro* oder an Tatjana in *Jewgeni Onegin*. Ein gleichrangiges Pendant bildet die Szene IV,4 im *Homburg*, mit Prinz und Prinzessin, ein Wettstreit zwischen Kurfürst und seinem General, der nach einigem Bedenken von Gnade nichts wissen will. Die Frage, wer hier über wen siegt, ist viel diskutiert worden. Der große Schauspieler Friedrich Kayßler erklärte den Prinzen nahezu zum Sieger. Nun ist es freilich die Generalität in ihrer Gesamtheit, die sich dem Herrscher entgegenstellt. Daraus lässt sich nicht auf protodemokratische Züge schließen, auch wenn die innere Übereinstimmung des Heeres gleichfalls den Fürsten zu einer Kursänderung nötigen könnte. Die bleibt ihm gutenteils erspart (Lüderssen KJb 1985). Es steht zu vermuten, dass die frühesten Leser, die sich für das Schauspiel und damit für Heinrich von Kleist hätten einsetzen können, etwas von der widerständigen Unangepasstheit des Textes gespürt und sich auch deshalb zögernd zurückgehalten haben.

Man kann sich eine realistische Anschauung von der möglichen Wirkung des Kleistschen Dramas bei Hofe verschaffen mit Hilfe der Quellen, die Theodor Fontane für seine unmittelbar vor Jena und Auerstedt spielende Erzählung *Schach von Wuthenow* benutzt hat. Das Selbstbewusstsein z.B. in den Büchern

Heinrich Dietrichs von Bülow oder in den Erinnerungen Friedrich Ludwigs von der Marwitz lässt die Reden Kottwitz' und Hohenzollerns nicht einfach als selbstbewusst, sondern als im Ernst bedrohlich erscheinen. Noch gewichtiger sind die dem König in den Jahren zuvor überreichten Denkschriften. Die sogenannte «Prinzeneingabe» vom August 1806 hat Friedrich Wilhelm III. nie vergessen. In dieser Richtung wären weit eher Gründe für eine Reserve höchsten Orts gegenüber Kleist und seinem Drama zu suchen als bei der Todesfurcht des Prinzen.

Eine sehr weitgehende Mitwirkung der Regierten musste die Zeitgenossen auch deshalb zurückscheuen lassen, weil sie im wesentlichen der Elite, der adligen Militärkaste, vorbehalten blieb. Zwei Offiziere nicht adliger Abkunft, der Oberst Kottwitz und Rittmeister Stranz, erhalten im *Homburg* besonders auszeichnende Rollen in unmittelbarer Nähe zum Prinzen. Die letzte Entscheidung darüber, ob die Heeresführung es erneut mit dem prinzlichen Feldherrn «wagen» will, das schließt ja Risiken ein, legt der Kurfürst in ihre Hand. Auch sprachlich bleibt der Schluss in der Schwebe. Der letzte Vers wird schon seit langem missverstanden. Mit dem «In Staub» (Vs. 1858) ist eine von Kleist auch sonst gezeichnete Huldigungsgeste gemeint, nichts weiter. Da beugt einer ein Knie vor dem Stärkeren, dem Sieger (vgl. *Amphitryon* Vs. 2312; *Käthchen* Vs. 392, Bühnenanweisung nach Vs. 457, Vs. 465). Möglich ist eine solche Geste nur in hoher Sphäre. Im *Zerbrochnen Krug* wäre sie ein lächerlicher Missgriff.

Kleist selbst zeigte sich mit den politischen Verhältnissen bei Hofe nicht so ganz vertraut, als er seiner Schwester am 19. März 1810 (im Indikativ) schrieb, sein Schauspiel werde im Palais des Fürsten Radziwill «jetzt» gegeben. Der als Repräsentant der Polen geltende Schwager Friedrich Wilhelms III., der von den Behörden sorgfältig beobachtet wurde, hätte sich eine solche Provokation nie erlauben können. Kleist war aber sehr an einer Widmung gelegen. Dass die Prinzessin Marie Anne eine Widmung des *Prinzen von Homburg* hätte annehmen können, ist undenkbar, sie war keine Privatperson. Darüber befunden hätte sie selber nie, auch Prinz Wilhelm, ihr Gatte, hätte in einem sol-

chen Punkt seinem Bruder, Friedrich Wilhelm III., und dessen
Ratgebern die Entscheidung überlassen müssen. Die Prinzessin
war einer der Leitsterne der Napoleon-Gegner am Hofe, der Be-
fürworter eines Krieges gegen Frankreich. Eine öffentliche Identifikation mit der nahezu frondierenden Generalität in Kleists
Drama wäre eine Absurdität gewesen. Dass eine Aufführung
vom preußischen Königshaus verhindert worden sei, beruht auf
bloßem Gerücht. Es wird nachträglich in Zweifel gezogen durch
den Gouverneur der Rheinlande, Prinz Friedrich von Preußen,
einen Neffen Friedrich Wilhelms III. Als «Protektor» von Karl
Immermanns «Provisorischem Theaterverein» gab er in einem
warmherzig zustimmenden Brief vom 3. April 1833 seiner Freude Ausdruck, «dies schöne Werk, unter Ihrer Leitung geben zu
sehen».

Nach dem Dritten Reich und seinem Krieg haben sich indivi-
duell-identifikatorische Lesarten geltend gemacht. Als die Berliner Schaubühne am Hallischen Ufer ein Stück unter dem Titel
Kleists Traum vom Prinzen Homburg herausbrachte, war dem
dramaturgischen Bearbeiter Botho Strauß das Prinzliche, das
Höfische unlieb. Die Deutung des Schlusses («Nein, sagt! ist es
ein Traum») lief auf grundsätzlichen Zweifel hinaus. Diese
Wendung Kleists spielt in ihrem Doppelsinn an auf Psalm 126
(«Wenn der Herr die Gefangenen Zions erlösen wird, so werden wir sein wie die Träumenden»), nämlich: wenn unsere
Hoffnung sich erfüllt haben wird, wenn sie Wirklichkeit geworden ist. Dann werden wir außer Fassung geraten, weil wir es
nicht zu glauben vermögen.

V. Publizistik

1. Phöbus

Dreimal hat Kleist, auf jeweils unterschiedene Weise, publizistisch ins literarische sowohl wie ins politische Gespräch einzugreifen versucht. Zuerst mit einem «Journal für die Kunst», dem *Phöbus*, Dresden 1808/09, dann ein Jahr später von Prag aus mit der *Germania*, einem österreichisch orientierten politischen Kampfblatt antinapoleonischer Tendenz, und schließlich 1810/11 für ein halbes Jahr mit einer Tageszeitung, den *Berliner Abendblättern*.

Als Mitwirkender im literarischen Konzert der Zeit tritt Kleist niemals so deutlich in Erscheinung wie während des Lebens der Kunstzeitschrift *Phöbus*, die er zusammen mit dem auf mancherlei Gebieten, am ehesten in der Philosophie und Ästhetik, viel redenden und publizierenden Multitalent Adam Müller herausgab. Als eine Art Katalysator für die Verbindung beider hatte der *Amphitryon* gewirkt. In der Vorrede dazu trat Adam Müller als Herold Kleists auf. Sie ist das Glänzendste, was über Kleist zu seinen Lebzeiten veröffentlicht worden ist. Die zwölf Nummern des *Phöbus*, drei davon Doppelhefte, erschienen Ende Januar 1808 bis Ende Februar 1809. Kleist stellte große, später erst berühmt gewordene eigene Werke in Fragmentform vor, als Proben gleichsam, Teildrucke verschiedensten Zuschnitts: *Penthesilea*, *Zerbrochner Krug*, *Guiskard*, *Käthchen von Heilbronn*, *Michael Kohlhaas*. Vollständig geboten wurde im *Phöbus*, und das gleich im 2. Heft, die *Marquise von O....*, deren Handlungsfaden, eine Schwangerschaft, auch der raffinierteste Erzähler füglich nicht hätte unterbrechen können. An provokativer Brisanz war das *Penthesilea*-Fragment schon nicht zu überbieten gewesen. Die beiden politischen Dramen Kleists, *Herrmannsschlacht* und *Prinz Friedrich von Homburg*, gelangten erst mehr als ein Jahrzehnt nach ihrer Entstehung in die

Hände des Publikums, dessen Kenntnis vom Schaffen Kleists als Dramatiker also nur bis zum *Käthchen* reichte. Die *Herrmannsschlacht* war schon 1808 in Dresden fertiggestellt worden. Gerade wegen der Zeitumstände, in die sie einwirken sollte, konnte sie nicht gedruckt werden. Kleist ist also allenfalls für knapp zwei Jahre (1807/08) im hellen Licht der Geschichte der Literatur seiner Zeit in Erscheinung getreten. Diese Phase setzt ebenso abrupt ein wie sie auch wieder abreißt. Erst der Erzähler Kleist fand wieder ein Echo (1810/11).

Die hier angeführten Großwerke im *Phöbus* zeichnen den Gattungsfächer Kleists bei weitem nicht vollständig. Zwei Reihen (24 bzw. 20) Distichen greifen mit ihrem angriffslustigen Witz, gelegentlich in geradezu kaustischer Selbstironie, wie die deutsche Dichtung sie sonst nicht kennt, weit aus. Dass Kleist gelegentlich spöttische Bemerkungen zu Goethe machte, ist ihm stets als gänzlich unerlaubt, wie eine Denkmalsschändung, ausgelegt worden. Kleists Pläne zu einem interdisziplinären Zusammenspiel von Gemälden bzw. Stichen und Gedichten waren Neuland in der Gattung Bildgedicht, Bundesgenossen wie Caspar David Friedrich und Ferdinand Hartmann, mit denen Verbindungen bestanden, hätten bei einer Fortentwicklung mitwirken können. Kleist und Müller befanden sich in der paradoxen Lage, diejenigen Bündnisse, die ihr Unternehmen nötig gehabt hätte, mit ihrer Arbeit allererst schaffen zu müssen.

Den *Phöbus* eröffnet ein prachtvoller Umschlag: Ein Viergespann mit Phöbus als Lenker über der Silhouette von Dresden. Auf den Paukenschlag der Eröffnung, die Schlüsselszenen von *Penthesilea,* folgt der Essay *Über die Bedeutung des Tanzes* von Christian Gottfried Körner. Sein Kernpunkt ist eine Ästhetik des Menuetts, sein Rahmen eine Anthropologie des Festes. Körner setzte damit seinen Versuch *Über Charakterdarstellung in der Musik* fort, die erste bedeutende Abhandlung zur Ästhetik der Musik der Wiener Klassik, erschienen in Schillers *Horen* 1795. Kleist selbst hat seine Wertschätzung der Ästhetik des Tanzes zwei Jahre später am Beispiel der Tanzmarionette weitergeführt. – Im *Phöbus* dann ein Gedicht Kleists zu einem Gemälde Ferdinand Hartmanns. – Es folgt ein Gedicht des Nova-

lis, *An Dorothee*, Dorothea Stock, der das vielleicht scharfsich-
tigste Porträt Mozarts, die bekannte Silberstiftzeichnung,
verdankt wird. – Die zweite Hälfte füllen drei größere Aus-
schnitte aus Vorlesungen Adam Müllers. Kleists *Epilog* bildet
den Beschluss, ein Gedicht, das im Rückblick auf das Titelbild
das Ganze abrundet.

Das wohlkomponierte Heft ist in sich selber nahezu ein
Kunstwerk. Der hohe Anspruch dieser Zeitschrift erstaunte,
stieß aber auch auf Empfindlichkeiten. Getragen wurde der
Phöbus personell, teils in beratender Funktion, von Kleist, Müller, Pfuel, Rühle, Gotthilf Heinrich Schubert und Karl August
Böttiger. Letzteres ist nicht durchschaubar, weil dieser sich gegenüber Kleist, und zwar einzig ihm gegenüber, als Rezensent
missgünstig verhielt. Pfuel, Rühle und Müller waren immerhin
als Erzieher des Prinzen Bernhard von Sachsen-Weimar-Eisen-
ach angestellt, nicht eben zu dessen Freude, abgearbeitet haben
sie sich alle nicht. Zu erwähnen bleibt noch, als eingeladener
Mitstreiter, Karl Christian Friedrich Krause, dessen Panenthe-
ismus zu einer der bedeutungsvollsten philosophischen Richtungen in Spanien wurde, des «Krausismo».

Aus den weiteren Heften sind besonders zu nennen Gemälde
von Eberhard Wächter. Gegen Ende kommt nochmals ein großes Thema der Ästhetik der Zeit ins Spiel: die Landschaftsmalerei, auf die sogenannte Ramdohr-Fehde um Caspar David
Friedrichs *Kreuz im Gebirge* abzielend. Qualitativ beschrieb der
Phöbus eine fallende Kurve. Adam Müllers imponierende Sua-
da konnte nicht jedermann zusagen. Kleist selber hätte angesichts seiner dichterischen Arbeiten so viel kooperative Geduld
wie beim ersten Heft nicht auf Dauer aufbringen können. Eine
kommentierte Edition des *Phöbus* wird schmerzlich vermisst.

2. Germania

Der Beginn des Jahres 1809 ist eine deutlich markierte Zeiten-
schwelle für Kleist. Seine berühmte, oft zitierte Wendung, er
wolle «lauter Werke schreiben, die in die Mitte der Zeit hinein-
fallen» (an Stein zum Altenstein, 1. Januar 1809), bezieht sich

nicht auf den Kalender. «Zeit» ist hier so viel wie Kairós. Publiziert hatte er zuletzt in fast proteushafter Weise. Nunmehr mischt sich der Schriftsteller in den politischen Kampf. Ein knappes Dutzend Prosastücke, Exempla jeweils für eine eigene Gattung, Texte von außerordentlicher formaler Versatilität, sind in einer Kopistenabschrift erhalten, sie blieben ein Halbjahrhundert im Verborgenen. Kleist geriet in Prag in das Fadenkreuz der in Österreich geübten striktesten obrigkeitlichen Aufmerksamkeit, und, o Wunder, er sah sich dadurch mit seinem Vorschlag zur Begründung eines politischen Journals von reinstem behördlichen Wohlwollen getragen. Den Grund dazu hatten Verbindungen mit der Diplomatie gelegt, die er seit 1807 im Kreis um die österreichische Gesandtschaft in Dresden gepflegt hatte.

Die Schriften, die sich aus den Plänen zur *Germania* erhalten haben, wären ihrer Form nach vornehmlich als Einzelstücke, Flugschriften etwa, denkbar, zumal ihr rhetorischer Habitus stark wechselt. Die jeweils gewählte Gattung ist in allen Fällen eine andere. Kleists Bitte um Genehmigung zur Herausgabe der *Germania* hat nie zu einem formal abschließenden Bescheid geführt, doch hat sie Kaiser Franz I. vorgelegen. So hoch hinauf war Kleist mit seinen Plänen niemals zuvor gelangt. Gegen diese Pläne sprach, dass Kleist, wie übrigens auch der Freiherr vom Stein, zu der politischen Gruppierung hielt, die eine Wiederherstellung des Kaisertums in österreichischen Händen als den im antinapoleonischen Sinne richtigen Weg ansah. Die Auffassung hat sich nicht durchgesetzt.

3. Berliner Abendblätter

Im Sommer 1810, spätestens im August, setzt Kleist zu einem für ihn neuartigen Vorhaben an, seinen *Berliner Abendblättern*, ein weiterer Versuch zur Mitbestimmung der Zeit, an der Oberfläche des Tagesgeschehens, nun im Metier des Journalisten. Beginnender Aufbruch Preußens: Zur gleichen Zeit erfolgte die Gründung der Universität und der Allgemeinen Kriegsschule. Das Blatt erfüllt nicht nur die drei Grundkategorien des Journalismus, Publizität, Periodizität, Aktualität, Kleist ging sogar einen Schritt darüber hinaus, indem er ein unabhängiges Diskussionsforum für unterschiedliche Standpunkte bot. Einige davon wichen von denen der Regierung ab, und das schlug dem Organ zum Unheil aus. Er zitiert ferner andere Presseerzeugnisse, jedoch listig-hinterlistig so, dass er Information, nämlich über die Misserfolge des Feindes, etwa in Spanien, durch Auswahl manipuliert. Es liegt auf der Hand, dass ein solches Ein-Mann-Unternehmen Kleists Zeit und Kräfte binden musste. Vom heutigen Standpunkt geurteilt, war Kleists redaktionelle Vorgehensweise überaus progressiv, pressegeschichtlich war die Zeitung ein unzeitiges Produkt.

Die *Abendblätter* sind, trotz existierender Abdrucke, bisher nur in Umrissen gedeutet. Es fehlt ein durchgehender gründlicher Kommentar. Zwar werden Fülle und Lebendigkeit der Begabungen Kleists auf eine erstaunende Weise sichtbar, aber auch ein Defizit bei der Verankerung dieser Schriftstellerexistenz in der gesellschaftlichen Wirklichkeit. Kleist hat nicht geradezu beschlossen, Journalist zu werden, vielmehr ist für ihn dieser Beruf eine Sparte in einer weiträumigen Wirkungsabsicht. Seine journalistische Tätigkeit in Berlin 1810/11 unterteilt sich in mehrere Phasen: zuerst die unerlässliche Vorbereitung, dann die zwei unterschiedlichen Quartale, in denen die *Abendblätter* tatsächlich erschienen, sodann eine Phase von nachträglichen Rechtfertigungsversuchen, Bitten um Entschädigung eingeschlossen. Seine Absicht, schreibend zu politischer Wirkung zu gelangen, hielt ihn von der Dichtung im engeren Sinne fern, Prosa gedieh neben der Redaktionsarbeit noch am ehesten. Da hatte jemand, den manche heute als den begabtesten deutschen Dramatiker ansehen, jahrelang Dramen geschrieben, für die sich kaum Verleger noch Theater fanden. Als Kleist sich dem Journalismus zuwandte, war das *Käthchen* als Buch noch nicht erschienen, unter seinem Namen waren nur *Amphitryon* und *Penthesilea* herausgekommen, *Die Familie Schroffenstein* anonym, von *Guiskard* und *Krug* gab es nur fragmentarische Abdrucke in Zeitschriften. Fatalerweise, wenn man vom Gesichtspunkt der praktischen Wirkung ausgeht, hatte Kleist als Dramatiker schon 1808, zunächst mit seiner *Herrmannsschlacht*, eine Richtung eingeschlagen, die den Druck wie die Aufführung seiner Stücke von einer politischen Entwicklung abhängig machte, die er als Dichter mit solchen Stücken überhaupt erst herbeizuführen bestrebt sein musste. Solange diese sich nicht herstellte, hatten diese Stücke zwangsläufig den Charakter utopischer Entwürfe.

Die *Berliner Abendblätter* und ihr Stellenwert in Kleists Œuvre werden verschieden beschrieben. Die Literarhistoriker trieben in erster Linie Autorschaftsermittlung, um 1900 gab es auch eine kurzatmige Gesamtwürdigung der *Abendblätter* als angebliches Organ der Deutschen Tischgesellschaft Arnims. Letzteres will nicht viel besagen, wenn es sich dabei, wie es den Anschein hat, nur um einen losen geselligen Zusammenschluss, eine Art Herrenclub, handelte. Der schwindelhafte Zusatz «christlich» spielt in den überlieferten Dokumenten so gut wie keine Rolle.

Ein Herauslösen der Kleist-Texte aus ihren symbiotischen Zusammenhängen macht es unmöglich nachzuvollziehen, an wen sich der einzelne Text richtete, und dann auch in welchem Moment. Die übliche editorische Isolierung der Kleistschen Textanteile wie ihre Anordnung nach Kategorien, die vom Dichterischen über das Gedankliche zum Tagesgeschehen verlief, hatte 1939 Helmut Sembdners Dissertation eingeleitet, die unter der Ägide eines Zeitungswissenschaftlers entstand. Ihren Ruhm verdankte sie der Wertschätzung, die man ihr in der Berliner Germanistik entgegenbrachte. Gerade besonders zustimmende zeitgenössische Leser, z. B. Wilhelm und Jacob Grimm, hatten seinerzeit von Kleists patriotischem Versteckspiel nichts bemerkt und beweisen damit indirekt das Fehlen eines Sensus für Zeitverhältnisse und politisches Gefüge im Publikum. Dem Manko, das in der editorischen Aufsplitterung des Inhalts dieser Zeitung liegt, ist man früh (1925) begegnet durch Facsimilierung des einzigen vollständig erhaltenen Exemplars, die Brüder Grimm hatten es gesammelt und bewahrt.

In der unterschwelligen politischen Schicht der Redaktionstendenz entstand insbesondere Kleists eigenständige Spielart der Anekdote. Sie hat zu ihrem Kern einen wiederzuerkennenden Typus, den vital-farbigen, burlesk-eigenständigen «Kerl», wie er im erhofften Krieg benötigt wurde. Adam Müllers Bemerkung, Kleist fange «schon wieder an sein sehr großes Publikum zum Bizarren und Ungeheuren umbilden zu wollen» (LS 406), trifft indirekt auch ausgemachte Kostbarkeiten wie den Essay *Über das Marionettentheater* (gemeint sind am Draht geführte Tanzmarionetten), der geistreiche, vieldeutige Gedankenspiele darstellt, über Jahrzehnte hin aber als eine theoretische Basis Kleistscher Dichtungen missdeutet wurde. Dass Kleist auf einen berühmten italienischen Marionettenmeister anspielt, Francesco Clerico, hat erst Klaus Kanzog entdeckt (Kanzog 2010).

Kleist muss zunächst zusammen mit einer kleinen Gruppe jüngerer Berliner Autoren geplant haben. 1983 ist ein Brief Kleists an Fouqué im Antiquariatshandel aufgetaucht, der ein personelles Umfeld für die Gründung der *Abendblätter* erahnen lässt. Dieser Brief charakterisiert den trümmerhaften Erhaltungszustand von Kleists Korrespondenz: Die einleitende Captatio benevolentiae kannte man seit 1882 aus einem Autographenkatalog. Hundert Jahre später konnte die Berliner Staatsbibliothek den Hauptteil erwerben, nochmals fünf Jahre danach tauchte an völlig entlegenem Ort die Unterschrift auf, die das Datum bei sich führte: 2. September 1810. Es könnte erstaunen, dass Kleist als Mitplanenden Ludwig Robert nennt. Der Bruder der Rahel war ein näherer Freund Fouqués, der Vater Julius Eduard Hitzigs, des ersten Verlegers der *Abendblätter*, war Oberlandesältester der preußischen Juden gewesen. Kleist unterscheidet sich von so gut wie allen deutschen Schriftstellern seiner Epoche dadurch, dass in seinen Dichtungen und Briefen Juden nicht vorkommen. Er behandelt sie als Menschen, das ist ein aufklärerischer Zug. Es zeichnet ihn auch aus, denn das kann nur auf bewusster Entscheidung beruht haben. Die Vertreter der altständischen Adelsopposition dachten da anders. Auch ein Wilhelm von Humboldt konnte ganz unbefangen von «Judenpack» sprechen (an Karl Gustav von Brinckmann, 4. Februar 1804), oder, als Rahel und Varnhagen 1814 geheiratet hatten: «Es ist nichts, was der Jude nicht erreicht.» Kleist scheint später die leitende Herausgeberrolle energisch für sich alleine beansprucht zu haben. Hitzig wurde damals bemerkenswert kritisch: Kleist habe ohne festen Plan gearbeitet, geleitet von Privatehrgeiz, er habe das Publikum verachtet, für seine Person beklagt Hitzig sich über «gemeine Behandlung», und in dem Übergang zu Kuhn, dem Verleger des *Freimüthigen*, erblickt er eine negative Richtungsfestlegung, nämlich gegen die jüngeren Dichter der Berliner Romantik. Hitzigs Verlag bildete das Zentrum des Nordsternbundes, mit Varnhagen, Chamisso, Friedrich Wilhelm Neumann, Theremin, Fouqué.

Aus einem Guss war die Konzeption der *Abendblätter* nicht. Dass man Erörterungen von Niveau und Unterhaltendes mischte, scheint Wirkung gehabt zu haben. Von ambivalenter Qualität war, unter publizistischem Gesichtspunkt, der wörtliche Abdruck polizeilicher Nachrichten. Kleist setzte auf deren inhaltlichen Reiz, und die Literarhistoriker sind ihm darin gefolgt. Er sah vielleicht nicht, dass er sich mit der wörtlichen Wiedergabe amtlicher Schriftstücke als Herausgeber neutralisierte. Richtungsbestimmender Autor ist der Herausgeber auch mit Texten Dritter, die Kleist übrigens selber nicht immer kannte. Er hat auf dem Weg über seine Zeitung mit Beiträgern verkehrt, die beim Überbringen von Artikeln oder beim Abholen von Nichtgedrucktem ihre Anonymität wahren konnten.

Die Hauptfrage, an was für ein Publikum man sich wenden sollte, scheint nie geklärt worden zu sein. Die Gebildeten können an den Polizeiberichten nur begrenzt Interesse genommen haben. Einfacheren Lesern aber blieben die gewichtigen Texte, staatspolitische wie dichterische, und das war die Mehrheit, verschlossen. Bei den Abhandlungen zur Reform des Staates hat Kleist offenbar niemals redigierend eingegriffen; hier scheint er eine Grenze eingehalten zu haben. Die Vorbereitung durch einen mutmaßlich kleinen, unfesten Personenkreis stieß an eine unerwartete Grenze, als die *Abendblätter* in die von ihnen selbst ausgelöste Diskussion über die Bewahrung alter Rechte, und das waren nun einmal Vorrechte, und die Reform des Staates gerieten. Art und Gewichtung des Inhalts in seiner Kontinuität hat Kleist in einer redaktionellen Erklärung am 22. Dezember 1810 festgehalten: «Die Veränderungen *der vaterländischen Gesetzgebung*, zuvörderst der nächste und würdigste Gegenstand der allgemeinen Theilnahme, werden, nach wie vor, mit unbefangenem patriotischen Geiste gewürdigt, die bedeutendsten Erscheinungen der *Literatur* angezeigt und das *Theater*, in einem periodisch wiederkehrenden Artikel, einer kurzen und gründlichen Kritik unterzogen werden. Das Ganze wird, wie bisher, zunächst von der Liebe für Vaterland und König, und, in weiterer Beziehung, vom Eifer für alles Gute in allen Ständen und Wirkungskreisen, durchdrungen sein. –» Was er hiermit angekündigt hat, konnte er nur zu einem kleinen Teil verwirklichen. Noch drei Monate, und er sah sich zum Aufgeben gezwungen.

VI. Erzählkunst

Den gliedernden Rhythmus im schriftstellerischen Jahrzehnt Kleists haben in erster Linie seine großen Bühnenwerke bestimmt. Seit Dresden, Winter 1808 auf 1809, scheint sich dabei ein Wechselspiel mit der politischen Geschichte des Tages anzubahnen. Bis dahin war es Kleist selber und er alleine, der die Entfaltung seiner Dichtung bestimmte, ohne Rat oder Stütze anderer, in außergewöhnlicher Selbständigkeit. Im Herbst 1810 und Sommer 1811 kamen zwei Bändchen mit insgesamt acht Erzählungen heraus, die überwiegend zuvor an verstreuten Orten bereits einmal erschienen waren. Mehrheitlich sind es Überarbeitungen, in einem Fall, dem *Kohlhaas*, eine geradezu riesenhafte Weiterführung. Wenn man diese Erzählwerke chronologisch zwischen die Dramen (mit ihren Fassungen) einstreute, würde man den Eindruck eines Sammelsuriums erzeugen. Es ist deshalb angemessen, den Publikationskomplex Prosa als einen übergeordneten, eigenständigen Rahmen zu bewahren.

Unbedingt festhalten sollte man an Kleists Bezeichnung «Erzählungen». Diese unterscheiden sich grundlegend von der aus

der Romania der Renaissance stammenden sogenannten «Novelle», von der Goethe gesagt hat, sie stelle eine «Begebenheit»
dar, und das heißt, eine einzelne. Die Ereigniserzählungen dieser
Tradition haben sich zumeist in Sammlungen darbieten lassen.
Sie sind überwiegend vergnüglich-unterhaltsam. Die «Erzählungen» Kleists, ausnahmslos in mehreren Schichten oder Rin-
gen mit einer zeichenhaften Kernerzählung angelegt, gelten
durchweg bedeutsamen Weltverhältnissen. Sie wären eher den
Novelas exemplares des Cervantes zu vergleichen, der von ihnen in der Einleitung sagt: «Ich habe sie moralische Erzählungen genannt, und wenn du [der Leser] sie recht betrachtest, findet sich wirklich keine darunter, aus der sich nicht irgendein
nützliches Vorbild entnehmen ließe.» Eben diesen Titel hat
Kleist für seine Erzählungen vorgeschlagen, dazu als Druckmu-
ster Cervantes' *Persiles*-Roman.

Kleist hat sich, vielleicht nicht vollkommen freiwillig, mit ersten Versuchen um 1807 der Erzählkunst zugewandt, in seinen
letzten Jahren an Stelle der öffentlichen Gattung schlechthin,
des Dramas. Dieser Wandel trägt einen Zug des Experimentie-
rens, auch von schwankender Orientierung an sich. Hätte die
Welt Dramen von ihm verlangt, könnte er sich anders entschieden haben. Das Hauptstück des I. Bandes, das imposanteste unter diesen Werken, *Michael Kohlhaas*, signalisiert unter vielen
Gesichtspunkten «Unerhörtes» in einem zweifachen Sinne,
nicht nur Neues, d. h. noch nicht Bekanntes, sondern auch Un-
vergleichliches. Dieser Schritt brachte eigene Paradoxien herauf. Die außerordentliche Länge, dazu noch die Kompliziertheit
und zugleich die Strenge der Erzählweise entfernten *Michael
Kohlhaas* aus dem Genre des reinen Lesestoffs. Dergleichen vermag niemand «auf einen Sitz» aufzunehmen. Die Vorbedingung
einer Begrenzung der Länge prägte den Gattungsspielraum bereits für die Verserzählung des Mittelalters. Die provokative
Krassheit der beiden älteren Erzählungen, des *Erdbebens* und
der *Marquise*, trug nicht eben zu einer ruhigen Fortschreibung
in der Entwicklung der Gattungen bei. Kleist wird, bewusst oder
auch nicht, zum radikalen Anführer einer Umwertung innerhalb der Erzählkunst. Seine Hinwendung vom Theater zu einem

Lesepublikum, dessen erlernten Bedürfnissen seine Erzählungen dann doch wieder nicht vollkommen entsprachen, hat ihm eben so viel Bewunderung wie Befremden eingetragen.

Band I der Erzählungen versammelt Texte, die alle, teils fragmentarisch, anderwärts bereits erschienen waren. Eine vertragliche Abmachung mit dem Verleger Georg Andreas Reimer über den ersten Erzählungsband existiert nicht, eine Abschlagszahlung, unter dem 30. April 1810 in Reimers Kontobuch festgehalten, mag als Dokumentation einer Abrede gelten. Am 16. August wurde der Rest des Honorars gezahlt, das zeigte die Ablieferung des ersten vollständigen Manuskripts an, das des *Kohlhaas*. Das Durcharbeiten der Texte, also die Einrichtung der Druckvorlagen für *Marquise* und *Erdbeben*, ist durch Kleistsche Billets an Reimer für September und Oktober 1810 sicher datiert. Die in diesen beiden Erzählungen gegenüber den Erstdrucken vorgenommenen Textänderungen halten sich in Grenzen. Die Zeitschriften-Versionen von *Erdbeben* und *Marquise* sind bereits Spätstadien, die mancherlei Bearbeitung durchlaufen hatten. Wenn Kleist einen Text veröffentlichte, dann war das in jedem Fall bereits eine fortgeschrittene Stufe eines langen Entwicklungsganges.

1. Kleist hat *Michael Kohlhaas*, seine größte Prosadichtung, ihr Anfang erschien im 6. Heft des *Phöbus*, November 1808, zunächst abgebrochen und erst zwei Jahre später in wesentlich neuer und erweiterter Konzeption fortgesetzt. Keine der Dichtungen Kleists trägt durch ihre Entstehung in vergleichbarer Weise zwei Gesichter wie *Michael Kohlhaas*. Solange Michael Kohlhaas nur den Junker von Tronka zu seinem Kontrahenten hatte, und so sieht es aus im *Phöbus*-Fragment, existierte als Hintergrundautorität, die die Regierungsgewalt in Händen hielt, bloß eine anonyme Beamtenschaft, die «Räte». Das entsprach der staatlichen Wirklichkeit, wie sie Kleist mit seinem scharfen Blick für Strukturen der Gesellschaft und Institutionen kennengelernt hatte. Das entsprach durchaus der Wirklichkeit der frühen Territorialstaaten, in dieser Hinsicht steht der *Kohlhaas* der Geschichtsdichtung nicht gänzlich fern. Ob Einzel-

heiten dabei mit der Historie übereinstimmen, was Ludwig Tieck mit erstaunlichem Mangel an poetologischem Sensorium kritisch bezweifelte, tut nichts zur Sache. Die 1810 gedruckte Version ist die bedrohlichere, modernere Variante. Kafka hat sie, mit ihrem schier unendlichen Fortstolpern von Instanz zu Instanz, sehr bewundert, ihren Schluss hat er kritisiert. Die Positivität einer höheren Gerechtigkeit war ihm fremd. Die Erzählung erreichte mit der Gegenüberstellung der zwei antagonistischen Staaten Brandenburg und Sachsen eine neue Stufe.

Was der historische Hans Kohlhase erlebt hat, konnte man schon seit 1547 im Druck lesen, in einem Trost- und Abmahnungsbrief Luthers an ihn. Kleist hat Kohlhase mittels Namensanspielung in die Nähe des Erzengels Michael erhoben, der am Jüngsten Tage Satan in die Hölle stürzt und die Ordnung der Welt wiederherstellt. Solche Briefe brachten Schüler des Reformators ans Licht, namentlich Johannes Aurifaber, der Herausgeber der berühmten *Tischgespräche*. Luther anerkennt in vollem Umfang, Kohlhase sei Unrecht geschehen, Selbstrache aber beschwöre weiteres Unrecht herauf, und dieses werde man Kohlhase anlasten. Brandlegungen in Wittenberg, nächtlicher Besuch bei Luther, auch der dringliche Rat, auf ein Friedensangebot einzugehen, das alles ist altüberliefert. Die Chroniken, die Kleist benutzt haben soll, erschienen in den Jahren 1598 (Benutzung fraglich), 1729, 1731. Sie sprechen auch von Gerissenheit und Kriegslisten. Der Interpret muss die mühevolle Arbeit des Weglassens vieler kleinerer Züge auf sich nehmen. Kleist hat Kohlhase zu einem Mann von Würde und Rechtlichkeit stilisiert. So stellt er sich in der «alten Chronik», von der das Inhaltsverzeichnis des Bandes spricht, nicht dar.

Luthers Brief ist im Grunde für eine allgemeine Leserschaft geschrieben. Luther entfaltet hier seine Interpretation des Römerbriefes Kap. 13, deren Spur sich für die Deutschen noch bis über den 20. Juli 1944 hinauszieht: dass die Obrigkeit von Gott sei und jedermann ihr unterworfen. In anderen Briefen, etwa an Melanchthon, treibt er spöttische Wortspiele mit Kohlhases Namen, indem er ihn mit dem Gleichklang des griechischen kólax (Schmeichler) in ein zweifelhaftes Licht stellt.

Das Fundament dieser Erzählung ist rechtlicher Natur und liegt im Zentrum der politischen Reformen aus dem Geiste Steins: Gewerbefreiheit heißt das Leitwort. Michael Kohlhaas besteht auf dem Recht, sein Gewerbe auszuüben, damit reklamiert er zugleich seine Bürgerrechte, ja, er definiert sich als Bürger. Dergleichen war dem 16. Jahrhundert fremd. Die Reformerwelt kam dann später in den *Abendblättern* klarer, wenn auch kontrovers, zu Worte. Angeklungen war das schon in einem Brief Kleists aus Königsberg an Altenstein vom 10. Februar 1806. Wenn man Kleists Äußerungen zum Staat und dessen Geschäften bis zu diesem Zeitpunkt verfolgt hat, ist man nicht unbedingt geneigt, den folgenden Sätzen Glauben zu schenken, zu gewichtig ist Kleists Abneigung gegen eine amtliche Befassung mit solchen Themen. «Wenn es mir vergönnt wird, noch diese Zeit über bei der hiesigen Kammer zu arbeiten, so werde ich das Befreiungs-Geschäfft der Zünfte (mein Lieblings-Gegenstand) völlig auslernen. […]; vor wenig Tagen ist aber ein Rescript eingegangen, das die […] gänzliche Wiederherstellung der natürlichen Gewerbsfreiheit eingeleitet hat.» Da muss man unterscheiden: Als «Geschäftsmann» zwar wollte Kleist mit diesen Realien durchaus nicht auf Dauer zu tun haben, Kleist der Dichter aber ist leidenschaftlich daran interessiert, sie in Gestalten und Beziehungen einzufangen. Die Gewerbefreiheit ist ein wirtschaftspolitisches Herzstück der Reformen des aufkommenden neuen Preußen. Kleist hatte somit eine Lebensfrage der Zukunft Preußens in ihrer Bedeutung erfasst und sich mit ihr identifiziert.

Michael Kohlhaas zeigt durchgehend neutralen Tonfall und Stil einer Geschichtserzählung. Das wirkt authentisch, ist aber frei erfunden. Dieser Zwiespalt hat nicht selten irritiert. Spielzeit: Luther auf dem Höhepunkt seiner Wirkung. In dem Antagonismus von Sachsen und Brandenburg mag sich Zeitgenössisches spiegeln. Er verkörpert sich in zwei gegensätzlichen Herrscherbildern, dies allerdings erst in der Endfassung, die an Länge das Fragment um mehr als das Eineinhalbfache übertrifft. Dem Kohlhaas der Erzählung steht, als er die Hamburger Bank erwähnt, eine Emigration in die Levante oder nach Ostindien als möglicher Ausweg vor Augen. Der Rechtsucher Kohlhaas ist, präzise formuliert, ein Rechtswegsucher. Er verlangt Einleitung eines förmlichen Verfahrens, nicht ein bestimmtes Ergebnis. Das nimmt vieles vorweg, was in heutiger Theorie im Sinne von Recht als Verfahren gesehen wird. Er leitet eine Fehde ein, lässt sich aber hinreißen zu vorschneller, gewalttätiger Selbsthilfe und verstrickt sich in annähernd kafkascher Weise in den Verfilzungen überterritorialen Adels. Er endet in dem Paradox einer Hinrichtung, die ihm zugleich sein Rechtsbegehren erfüllt.

Man hat versucht, den Dimensionen wie dem Anspruch dieser Erzählung durch Vergleich mit einem fünfaktigen Drama beizukommen. Ein solches formalistisches Spiel wäre Kleists Sache nicht gewesen. Es lassen sich zwar fünf gliedernde Partien ausmachen, doch handelt es sich dabei um große erzählte Szenen: 1. Das Verhör des Knechts Herse, 2. die Auseinandersetzung im nächtlichen Gespräch mit Luther, 3. die Verhandlung des sächsischen Staatsrats, 4. die «Abdeckerszene» in Dresden und 5. als Steigerung die drei Auftritte der Zigeunerin. Das veranschaulicht Kleists chiastisches Verfahren in den beiden großen Dichtarten: In seinen Erzählungen gestaltet Kleist Szenen wie auf einer Bühne, in seinen Dramen lässt er die Ereignisse erzählen, zumeist teichoskopisch.

Der Rosshändler der Lutherzeit ist zu einer Gestalt sprichwörtlichen Ranges geworden, ohne dass sich der Kleistsche Anteil an dieser Entwicklung bemessen ließe. Einige der die Erzählung tragenden Motive seien hervorgehoben: der Opfertod von Kohlhaas' Frau, der Sturm auf die Tronkenburg (auf kriegerische Scharmützel gibt es in Chroniken nicht wenige Hinweise), Luthers Deutung von Römer 13 (wie erwähnt), Kohlhaas' Bündnis mit dem zwielichtigen Nagelschmidt, das allzu persönliche Agieren des Kurfürsten von Sachsen, der Zettel mit der Weissagung über den Bestand seines Hauses. In sprichwortähnlicher Verwendung blieb einzig übrig eine über die Grenzen vernünftigen Verhaltens hinaus erstrebte Wiedergutmachung für erlittenes Unrecht – eine Charakterstudie. Gerade die hat aber Kleist nicht gezeichnet, sondern Handlungsverstrickungen im Blick auf ihre Voraussetzungen, ihre Fortwirkungen und ihre exemplarische Verallgemeinerbarkeit. Ein Beispiel: Mit der Fehde, die Kohlhaas einleitet, übernimmt er sich, wie Achim von Arnim um 1830 notiert hat:

«Wir besitzen jetzt zwei Bearbeitungen eines merkwürdigen historischen Stoffes aus der brandenburgischen Geschichte, des Hans Kohlhaas, die bekannte in einzelnen Theilen höchst vollendete Erzählung Heinrichs von Kleist und ein mit Beifall aufgenommenes Trauerspiel des Herrn [Gottfried August] von Maltitz. Dennoch scheint dieser Stoff noch keinesweges ausgenutzt, beide Bearbeiter haben mit Fug und Recht ihre Ansicht hineingearbeitet, denn diese konnten sie darstellen, während ihnen der eigentliche historische Stoff nicht völlig zusagte.

Beide haben die Eigenthümlichkeiten der Zeit und die eigenthümliche Lage eines Roßkamms in jener Zeit nicht gekannt und benutzt. [...] Ein Roßkamm war durch seinen Handel ein Vertrauter jedes Ritters, nicht blos derer die befehdeten sondern auch derer, die ihren Reiterdienst, wozu damals noch jeder verpflichtet war, dem Landesfürsten, dem er sich unterworfen hatte leisten mußte. So ein reicher Roßhändler war damals den Rittern was jetzt ein reicher Finanzier ist, in unseren höheren Gesellschaftskreisen, das Bedürfniß macht sie zum Gesellschaftsgliede, sie bedurften des Credites bei Unglücksfällen mit den Pferden [...].»

Der Kerngedanke bei Michael Kohlhaas' Aufruhr könnte aus den Vorlesungen von Christian Jacob Kraus stammen: Er sei aus der «Gemeinschaft des Staats» verstoßen, da ihm «der Schutz der Gesetze versagt ist!» Dessen bedürfe er zum Gedeihen seines friedlichen Gewerbes, «und wer mir ihn versagt, der stößt mich zu den Wilden der Einöde hinaus; er gibt mir, [...] die Keule, die mich selbst schützt, in die Hand.» (78) Da repräsentieren sich zeitgenössisches Denken und die Geschichte in wechselseitiger Spiegelung. Dauer und Erfolglosigkeit ermüden, ja zermürben Kohlhaas, er lässt sich in eine Falle locken und wird mit dem Schwert, also in ehrenhafter Form, hingerichtet, in Chroniken übrigens schimpflich, da aufs Rad geflochten.

2. Seine Visitenkarte als Erzähler hatte Kleist mit dem *Erdbeben* abgegeben. Die *Marquise* erschien im Februar-Heft des *Phöbus*

(1808). In Band I der *Erzählungen* folgt das Werk auf den *Kohlhaas*. Adam Müller berichtet, die Veröffentlichung sei auf seinen dringenden Wunsch, gegen Kleists Willen, zustande gekommen. Der Titelzusatz im Inhaltsverzeichnis, «nach einer wahren Begebenheit, deren Schauplatz vom Norden nach dem Süden verlegt worden», wurde in der Buchfassung aufgegeben, zurecht, denn was ist hier die «Begebenheit»? 1798 war im *Berlinischen Archiv der Zeit und ihres Geschmacks* eine Erzählung über die Schwängerung eines scheintoten Mädchens erschienen. So weit reicht die Bedeutung von «Begebenheit», zumal wenn sie zu einem guten Ende findet. Michel de Montaignes Essay *Über die Trunksucht* spielt eine solche «Begebenheit» ganz behaglich ins Schwankhafte. Davon ist bei Kleist weniger zu verspüren, es schwingt aber unterschwellig mit. Die Marquise sieht in dem Vorgang, in gänzlicher Hilflosigkeit von ihrem Retter missbraucht worden zu sein, ihre menschliche Würde, ja ihr Bild vom Menschen überhaupt zerstört, und es bereitet unendliche Mühe, dieses Bild vom Menschen als der Verkörperung von Menschlichkeit wieder aufzubauen.

Die Tat des gräflichen Offiziers war nach herkömmlichem Kriegsrecht ein todeswürdiges Verbrechen. Dass fünf einfache Soldaten wegen des Verdachts, eine solche Tat auch nur versucht zu haben, standrechtlich erschossen werden, unterstreicht diese Bewertung. Nach Italien «verlegen» ließ sich nur die konkrete «Begebenheit», nicht der Gesamtvorgang von Krieg und Belagerung. Die Erstürmung einer Festung und die Eroberung einer Frau sind jeweils ein Bild für das andere, und dies seit Jahrhunderten. Schon in der mittelhochdeutschen Dichtung findet sich eine Behandlung des Themas, die Reimpaardichtung *Die Minneburg*.

Taten oder Untaten dieser Art zählen nicht zum thematischen Repertoire der Literatur der Goethezeit. Der Wahrscheinlichkeitsgrad für die Annahme, es handle sich um die Wiedergabe eines tatsächlichen Ereignisses, war jedoch hoch, besaß die Erzählung in ihrem Rahmen doch eine nachvollziehbare politische Konstellation: russische Truppen in Oberitalien. Dass schließlich ein glückliches Ende erreicht wird, ist ausdrücklich ein Ergebnis moralischer Anstrengung. Das Lesepublikum freilich teilte sich unter dem Eindruck – anders ist kein Werk Kleists in die Welt getreten.

Darüber, ob man hier den modernen strafrechtlichen Begriff der Vergewaltigung einführen sollte, ließe sich streiten. Eine Festung geht während ihrer Eroberung in Flammen auf, für den Gemütszustand des Eroberers gilt in dieser Situation das Gleiche, eine schöne junge Frau, von der Soldateska zu Boden gezwungen, sinkt ohnmächtig vor dem Offizier nieder. In doppelter Erregung lässt der Offizier sich hinreißen. Nachträglich eine ironische Selbstverspottung des Autors: In einem Epigramm lässt Kleist eine Dame behaupten, die Marquise habe ihre Ohnmacht bloß vorgetäuscht.

Seit der *Marquise* hat Kleist seine Erzählungen stets mit mehreren, in Schichten angeordneten Bauteilen angelegt, zumeist sind es drei. Hier also als äußerer Rahmen die napoleonischen Kriegszüge in Oberitalien, dann die Ereignisse, um die es zu gehen scheint, zumeist auf einer Personenkonstellation, etwa der Familie beruhend, schließlich im Kern aber ein symbolhafter Vorgang aus einem anderen Gegenstandsbereich. Hier ist es die Erzählung vom Schwan Thinka, die keiner der Anwesenden zu würdigen verstünde, die aber einen verdeckten Kommentar zu den Ereignissen abgibt.

3. *Das Erdbeben in Chili*, mutmaßlich die früheste Erzählung Kleists, bietet im Vergleich die meisten Schrecknisse und Grausamkeiten. Ursprünglich lautete ihr Titel *Jeronimo und Josephe. Eine Scene aus dem Erdbeben zu Chili, vom Jahr 1647*, sie erschien vom 10. bis 15. September 1807 in Cottas *Morgenblatt*. Nach dem *Amphitryon* war dies Kleists zweites mit Autornamen gekennzeichnetes Werk – größere Gegensätze als die zwischen diesen beiden wären nicht leicht denkbar. Wie nahe «Dichtung» und «Drama» für Kleist lagen, deutet die Kennzeichnung als «Scene» beim *Erdbeben* an. Die Veröffentlichung wurde während Kleists Haft in Frankreich durch Rühle vermittelt. Der erste Druck ist in 31 Absätze gegliedert, die Buchausgabe von 1810 fasst in drei Absätze zusammen. Diese Gliede-

rung ist eine Interpretation: Der symbolische Kern, das Bild einer Heiligen Familie, in einem nächtlichen paradiesischen Tal, beschließt den ersten Absatz, der von Liebe, Geburt während der Fronleichnamsprozession zur Verurteilung und zum Erdbeben führt. Die letzten Worte des zweiten Absatzes «und kehrte mit ihr zur Gesellschaft zurück», künden drohend die Katastrophe an, die sich dann im dritten Absatz vollzieht, nämlich in der Gesellschaft und durch sie.

Die Erzählung spielt nicht eigentlich in Chile, wo es in früheren Jahrhunderten nicht wenige verheerende Erdbeben gegeben hat. Nach den Anliegen der Personen, ihrer Ausdrucksweise, ihren Umgangsformen geurteilt, befinden wir uns in einem Niemandsland feinster europäischer Gesellschaft. Zwei Bevölkerungsgruppen haben darin eigene Rollen: höhere Geistlichkeit und soziale Unterschicht. Von aggressiver Ablehnung des Katholischen oder jedenfalls bestimmter Züge davon ist Kleists Werk in einem Ausmaß geprägt, das zu erklären schwerfällt. Das ist an sich ein protestantischer oder lutherischer Grundzug, und da die deutsche Dichtung der Neuzeit weitgehend protestantisch ist, kennzeichnet er die deutsche Dichtung. Doch geht Kleist in diesem Punkt auffällig weit. Die Schärfe seines Antiklerikalismus ist außergewöhnlich. Noch übler als der Klerus werden von ihm allerdings niedere Handwerker dargestellt. Von der Rolle eines Anwalts der niederen Schichten ist Kleist weit entfernt. Der Meister Pedrillo ist derart schurkisch, dass man zum Mörder keine Trennlinie zu ziehen vermag.

Wäre es Kleist auch um Chile oder um fremde Länder und Menschen überhaupt gegangen, dann hätte er etwas über die autochthone Bevölkerung sagen müssen. Dazu keine Silbe. Ein Flugblatt, das auf das Erdbeben von 1731 zurückgeht, stellt im Gegenteil «Dieses unglücklichen Landes Lage und dessen Einwohner Beschaffenheit» in den Vordergrund. Das Erdbeben, durch das «das gantze Königreich Chili, zu einem verwüsteten Platz und unförmlichen Stein Hauffen gemachet, und viele hundert tausend Menschen elendiglich von Erde und Wasser verschlungen und gantz unvermuthend vom Leben zum Tode gebracht worden», wird ohne Umschweif auf die religiöse Verstocktheit dieses Volkes zurückgeführt, dem doch Gott «durch die Ankunfft der Spanier so bereits vor 200 Jahren dieses Reich zu beherschen angefangen, den Weg zu einer wahren Erkänntniß seines heiligen Willens bahnen lassen, aber sie sind mit Fleiß verstockt und unwissend blieben.»

Kant hatte die kausale Verbindung von Naturkatastrophe und Religion, im ausgehenden 18. Jahrhundert ein bedeutendes Diskussionsthema, wie die Theodizeedebatte seit Leibniz zeigt und wie die Reaktionen auf das Erdbeben von Lissabon (1755) lehren, dezidiert abgelehnt. Gewiss ist diese Thematik im Hintergrund der Erzählung Kleists anwesend, aber dieser lässt den Leser mit der Frage allein. Er gestaltet sie umso drängender, indem er eine rein europäische Gesellschaft darstellt, die in Frankreich wie in Preußen nicht anders aussähe: «Auf den Feldern, so weit das Auge reichte, sah man Menschen von allen Ständen durcheinander liegen, Fürsten und Bettler, Matronen und Bäuerinnen, Staatsbeamte und Tagelöhner, Klosterherren und Klosterfrauen.» (207) Kleist zeichnet das Bild *einer* Familie, die alleine vom Geist der Menschlichkeit geprägt *schien* – glauben soll der Leser an dergleichen natürlich nicht. Die Eingeborenen könnten ja auch eine elementare Art von Menschsein zeigen, sie werden nicht erwähnt, es ist die dem Lesepublikum bekannte und scheinbar kultivierte Welt, die sich selbst zerstört. Der «Schuhflicker» agiert als «Fürst der satanischen Rotte» völlig im Sinne des Chorherren, der zuvor die Seelen Jeronimos und Josephes «allen Fürsten der Hölle» übergeben und «die ganze im Tempel Jesu versammelte Christenheit» zu einem «steinigt sie!» vereinigt hatte. Wie in der *Familie Schroffenstein* erschlägt der Vater den eigenen Sohn (Jeronimo). Das Kind, das Don Fernando im Kampf erstritten hatte, bleibt als Hoffnungzeichen am Leben.

Die extreme Distanz zwischen Spielort und deutschsprachiger Leserschaft erspart dem Autor Unendliches an Detail. Er kann sich auf nachvollziehbares Erzählinteresse konzentrieren. Eine Liebe zerschellt mit Notwendigkeit: an gewachsenen gesellschaftlichen Gegebenheiten, den Ständegrenzen, die Tochter eines Edelmanns und der Hauslehrer, ein kirchlich durchgestaltetes staatliches Gemeinwesen, auch das Rechtsleben umfas-

send, als Höhepunkt eine Naturkatastrophe und die Unmög-
lichkeit einer angemessenen Antwort. In dieser verdeckten
Form weist Kleist auf die Brüche und Widersprüche in der eigenen Zeit und Gesellschaft hin. Die «Verlegung» in eine andere
Welt, in einen fremden Erdteil, ermöglicht eine Aussage.

Geographisches scheint seit jeher Reiz auf beide Geschwister,
Ulrike wie Heinrich von Kleist, ausgeübt zu haben. Am 14. Juli
1807 entwickelt Kleist seiner Schwester einen neuen Plan zu einer Lebens- und Wirtschaftsgemeinschaft: «versuche es noch
einmal mit mir. Du liesest den Rousseau noch einmal durch,
und den Helvetius, oder suchst Flecken und Städte auf Landkarten auf; und ich schreibe.» Auf Landkarten führt Kleist seine
Leser immer wieder überaus erfindungsreich umher. Sogar auf
den fünften Erdteil, zur Botany Bay, geht die Autorenreise, mit
einem besonders geistreichen Essay (*Allerneuester Erziehungs-
plan, Berliner Abendblätter*, 29.–31. Oktober und 9./10. November 1810).

Der II. Teil der *Erzählungen* zeigt eine Verschiebung in Kleists
Œuvre, auch eine spürbare Eindunklung. Dieses zweite Bändchen weist eine geplante Komposition auf. Sie hat mit der
«schwärzesten» der Erzählungen Kleists, *Der Findling*, eine Mit-
telachse. Am Anfang eine Geschichte aus den Kolonien in Mit-
telamerika, aus der Gegenwart des Autors, dann eine Miniatur
vom Untergang des Adels als gesellschaftlich führendem Stand,
in ihrer Kürze hochvirtuos. Auf den *Findling* folgt Kleists einzige
Erzählung mit musikalischer Thematik und zum Abschluss noch
einmal «Eigentum und Erbe», im Rechtsverfahren miteinander
verwoben, aber in die Ferne des Mittelalters entrückt.

4. Der Eingangssatz der *Verlobung in St. Domingo* zeichnet in
seiner Härte die Rassenfronten als politische Bedingungen des
Handelns: «Zu Port au Prince, auf dem französischen Anteil der
Insel St. Domingo, lebte, zu Anfange dieses Jahrhunderts, als
die Schwarzen die Weißen ermordeten [...], ein fürchterlicher
alter Neger, Namens Congo Hoango.» Die Leser von 1811 nahmen an der Fremdheit weit größeres Interesse als die Nachgebo-
renen. Die Kolonien waren eine Welt von großer Farbigkeit,

auch waren sie Quellen sagenhaften Reichtums, allen voran Haiti. Der Neger Congo Hoango steht im Mittelpunkt der Ereignisse. Seine unbegrenzte Grausamkeit erklärt sich durch seine Geschicke – er ist aus Afrika verschleppt und verkauft, von der Goldküste, und, obwohl mit Wohltaten überhäuft, von den erlittenen menschlichen Verletzungen nicht zu heilen. Seine Beischläferin Babekan, in Paris von einem Kaufmann geschwängert, der seine Vaterschaft im Interesse einer reichen Heirat eidlich verleugnet hatte, war zur Strafe für ihre Aussage ausgepeitscht worden und litt daraufhin lebenslang an der Schwindsucht. Einzig für Babekans Tochter Toni, die Hauptfigur der Erzählung, bleibt momenthaft die Hoffnung auf eine Umkehr, doch vergeblich.

Haiti, ursprünglich Espaniola oder Hispaniola, dann Santo Domingo, stand unter der Oberhoheit wechselnder Mächte. Der Westen war französischer Besitz; zu der Zeit, in der die Erzählung spielt, war die Insel umstritten zwischen Frankreich und England. Auf die zahlreichen und wechselhaften politischen Verwicklungen lässt sich Kleist nicht ein. Der Zeitpunkt der Handlung ist nicht sicher bestimmbar, vermutlich nach 1803, als die Weißen von der Insel flüchteten. Eine Anspielung Kleists in einem Brief an Ulrike vom 23. April 1807 vom Château de Joux setzt genaue Kenntnis bei der Empfängerin voraus: Der frühere Obergeneral der französischen Truppen auf Haiti, Toussaint Louverture, war im rauhen Klima der Jura-Festung am 7. April 1804 verstorben. Zu den Leseanreizen für ein europäisches Publikum muss, so ist zu fürchten, die unbeschreibliche Grausamkeit der Metzeleien gehört haben, die sich in den Schilderungen der Verfolgung durch die Schwarzen finden. Sie waren von anderer Art als die Greueltaten jüngerer Zeiten, denn sie wurden im wahren Wortsinn «eigenhändig» begangen, nicht mit Hilfe von Maschinen oder Chemikalien. Man binde z. B. einen lebenden Menschen zwischen zwei Bretter und zerlege ihn dann mit einer Säge in Scheiben. Die rechte Einschätzung für das Leserinteresse will sich erst dem einstellen, der das hohe buchgestalterische Niveau der teils prachtvollen Quellenwerke in sein Erschrecken miteinbezieht.

Die zeitgenössischen Quellen weichen je nach dem Partei-
standpunkt ihrer Autoren voneinander ab und schreiben die
Zahl der Opfer und die Schwere der Greuel, die diese erleiden,
entweder der französischen oder der von Engländern unter-
stützten Seite zu. Einem solchen Antagonismus entzog sich
Kleist, indem er einen Erzähler erfand, der nicht konstant eine
der beiden Parteien vertritt. Sein raffiniertester Kunstgriff war,
dass er die Heldin, Toni, aus allen Rassevorbedingungen mit
Sorgfalt herausnahm, gleichsam herausrechnete. Er verlieh ihr,
der Tochter eines Weißen und einer Mulattin, den Status einer
Terzerone, wie der fachliche Ausdruck lautet. In der deutschen
Literatur der Zeit, auch bei Kleist, wird jedweder Mischling
Mestize genannt, Lexika differenzierten da genauer, bis hin zu
Quarterone (Quadroon). Agieren lässt Kleist seine Heldin zunächst auf seiten der Schwarzen. Kleist könnte, in einer Buch-
illustration etwa, eine zeitgenössische Abbildung einer Terzerone gesehen haben, deren höchst aparte Schönheit in der Tat von
außerordentlichem Reiz ist. Die Schwarzen führen in der Erzählung einen regellosen Bandenkrieg, teils nach Art der spanischen
Guerilla, die europäische Beurteiler außerordentlich erschreck-
te, die aber selbst von den besten militärischen Spezialisten,
etwa Scharnhorst oder Gneisenau, gutenteils fehlgedeutet wurde. Das schöne Mädchen ist für eine Unzahl Hilfe suchender
weißer Flüchtlinge als Lockvogel eingesetzt worden, die ohne
Ausnahme ermordet wurden. Die Flüchtlinge in Kleists Erzählung würden dieser Kriegslist gleichfalls zum Opfer fallen, allerdings sind sie Schweizer, damit sind auch sie der unmittelbaren
Konfrontation der Rassen entzogen, der seltsame Name Toni
weist gleichfalls in diese Richtung.

Toni schlägt sich später aus freiem Willen und in wörtlicher
Erklärung vor Zeugen auf die Seite der Weißen. Das geschieht
in der Nacht der Verführung sprich Verlobung. Kleist behandelt
diese wie einen Rechtsakt. Mithin schiene für Toni eine Umkehr
möglich. Eine Erlösung, eine Vergebung wäre angesichts der
Vorgeschichte der Heldin auch nötig. Nur würde das einen anderen Partner erfordern als diesen Gustav. Zwar ist er Weißer,
aber Kleist entzieht ihm die Sympathie der Leser, indem er ihn

mit jedem Satz, den er ihm in den Mund legt, in den Grenzen unangenehmen Mittelmaßes zeichnet, so distanziert, dass er ihm viermal hintereinander einen falschen Namen zuschreibt: «August». Das ist natürlich nicht als Anagramm zu «Gustav» zu lesen, wie man gemeint hat, denn u und v sind in dieser Schrift verschiedene Lettern. Die Auseinandersetzung zwischen den Rassen endet mit einer Hinrichtung aus Übereilung und nachfolgender Selbsthinrichtung: Gustav erschießt Toni und sich selbst. Das ist schon ganz früh als eine Vorzeichnung zu Kleists eigenem Tod interpretiert worden. – Ein Epilog erwähnt einen Denkstein in der Schweiz, den man Gustav «und der Verlobten desselben, der treuen Toni, hatte setzen lassen».

Für die deutschen Dichter der klassischen und romantischen Ära ließen sich bei umfassenden Themen wie Geschichte, Religion, Philosophie, Politik, Wissenschaften und dergleichen wiederkehrende Grundpositionen angeben. In dieser Beziehung leistet Heinrich von Kleist seinen Interpreten harten Widerstand. Die variative Vielfalt zumindest in den Formen seiner Gestaltung ist außerordentlich, alleine schon dadurch, dass er durchweg extreme Wege und Lösungen wählt. Seinen ersten Erzählungsband hatte er mit einer Erzählung (*Erdbeben*) beschlossen, die zwar in kolonialer Welt spielte, aber keinen Anflug von Interesse an Fragen der Rasse zeigte. Den zweiten Band eröffnete er mit einer Erzählung (*Verlobung*), die von einer höchst subtilen Ausdeutung von Rassenunterschieden lebt.

Eine Deutung der Tiefenschicht der Geschehnisse in der *Verlobung* ist enthalten in einer symbolhaften Binnenerzählung, einer Exempelgeschichte. Gustavs erste Braut Mariane wurde im Zuge ihrer Selbstaufopferung in Straßburg guillotiniert und rettete damit Gustavs Leben. Mariane war gestorben, «indem sie sich mit einem Blick, der mir unauslöschlich in die Seele geprägt ist, von mir abwandte» (238). Kleist lässt das Unsagbare in der Schwebe. Tonis letzte Worte sind: «Ach, [...] du hättest mir nicht mißtrauen sollen!» Unter «Vertrauen» versteht dieser Dichter ein Für-wahr-Halten gegen jeden Augenschein. Eine vorangehende Geste Tonis weist ins Leere, sie ist begleitet von «einem unbeschreiblichen Blick», gleich dem Marianes. Durch

die Erzählung von den Geschehnissen in Straßburg lässt sich
Toni von Gustavs Erinnerung überwältigen und gibt sich ihm
hin, in dieser Abfolge. Mit der körperlichen Vereinigung ist die
Verlobung geschlossen. Die freie Entscheidung, unabhängig von
Formen und Konventionen, ist bei Kleist immer die höhere Stufe
von Menschlichkeit.

5. In Kleists Anordnung folgt der szenen- und detailreichen *Verlobung* das nur mit wenigen Strichen gezeichnete *Bettelweib
von Locarno*, das in fast ironischer Knappheit dasselbe Punc-
tum herausstellt wie der *Kohlhaas* in seiner Adelskritik. Zuerst
erschienen ist das *Bettelweib* in den *Berliner Abendblättern* am
11. Oktober 1810. Handlungszeit: 17. Jahrhundert, wenn man
von der Bauweise des Schlosses ausginge, die sich aber «am
Fuße der Alpen», im Tessin, schwerlich findet, die Zeit bleibt
unbestimmt. Zahlreiche Lücken in der Erklärungsweise des Erzählers haben unterschiedlichste Interpretationen angeregt, deren Hypothesen miteinander unvereinbar sind. Eine kranke alte
Bettlerin wird von einem Marchese roh behandelt, sie stürzt,
stirbt an den Folgen und kehrt als Geist wieder, jedoch ausschließlich hörbar, weder Mensch noch Tier erblicken irgendet-
was, eine doppelt unheimliche Seinsweise. Auch der Schlossherr
nimmt diese gespenstischen Auftritte hörend wahr, zündet vor
Entsetzen sein Schloss an und kommt darin um. Seine Frau verlässt ihn noch während des Brandes. Zeichenhaft, dass seine
weißen Knochen unverbrannt umherliegen.

Die älteste Interpretation (1942) ist eines der berühmtesten
Muster dieses wissenschaftlichen Genres. Emil Staiger deutete
Kleist als Typus des «dramatischen» Dichters in einem anthro-
pologischen Sinne. Die Arbeit ist ein dauerhafter Erweis von
Sinn und Wert der Stilanalyse in der Literaturwissenschaft. Ein
Vierteljahrhundert später richtete sich die Aufmerksamkeit der
Wissenschaft auf den Faktor «soziales Fehlverhalten», Adel ver-
pflichte zu Vorbildlichkeit. Man beschrieb ferner die Raumge-
staltung: Das Geschehen läuft ab wie auf einer Bühne, alle Gän-
ge und Gesten sind wie in einem Regiebuch vorgezeichnet. Von
Interesse schließlich die Anmerkungen von Gerhard Schulz (Jb

der Deutschen Schillergesellschaft 1974) zu den Leerstellen im Text, die dem Leser verschiedene Auffüllungen erlauben, wo nicht aufnötigen. Schulz versuchte, das *Bettelweib* als Ehegeschichte zu lesen. Die Frau des Marchese habe durch ihre Aufnahme der Bettlerin Ungleichgewicht in eine menschliche Beziehung gebracht. Dem steht entgegen, dass, folgt man Kleist, «Krieg und Mißwachs» die Geschehnisse ausgelöst haben. Extreme Gegensätze in sozialen und Besitzverhältnissen forderten um 1800 auch die Gesetzgebung in Preußen heraus. Außerdem sei zu erwägen gegeben, dass Anregungen aus der trivialen, der Schauerliteratur bei Kleist nicht selten sind, der Hinweis auf *The Monk* von Matthew Lewis hat Überraschung hervorgerufen.

Den Spuk erlebt hörend zunächst ein kaufinteressierter «Ritter». Das mag als eine «Begebenheit» gelten, mit steigernder Wiederholung des Spuks in magischer Dreizahl, für die Kleist eine Neigung zeigt. Eine spezifische Schwierigkeit beim Entziffern vor allem der späteren der Kleistschen Rätseltexte liegt darin, dass Kleist keine Verständnisbrücken baut, so auch in diesem Fall. Der Erzähler suggeriert, dass alles tatsächlich geschieht und vorhanden ist. Für jede Einzelheit existiert auch ein Beweis oder Beleg, nur entstammen diese durchaus nicht Sach- oder Bildbereichen, die unter sich in einem Zusammenhang stünden. Kleist setzt Beweisstücke von unterschiedlicher Herkunft ein.

6. Den kompositorischen Mittelpunkt des II. Bandes bildet ein eigens dafür geschaffenes Werk. *Der Findling* ist in Kleists Œuvre ein dunkler Edelstein von außerordentlichem Glanz. Schlackenlos formuliert, jede Einzelheit genau disponiert, bringt *Der Findling* Kleists Kunst unvergleichlich zur Geltung. Bemerkungen über seine Düsternis sind insofern ernstzunehmen, als hier tatsächlich eine neue Farbe aufkommt, hart am Rande der Frage nach der Existenz des Bösen in der Welt (an Wilhelmine vom 15. August 1801). Die Frage ist, gut Kleistisch, nicht die, ob die Zentralfigur Nicolo böse *ist*, sie könnte böse nur *werden*, und wenn das geschieht, dann wird erzählt, auf welche Weise. Das alles bleibt in der Schwebe, wie schon die Herkunft des Findlings Nicolo aus dem Nichts. Die Zeit der

Handlung ist nicht zu erraten, eine imaginäre Landkarte würde außer Rom noch Genua, Florenz und Ragusa, das heutige Dubrovnik, nachweisen, das sich seit langem unter die Oberhoheit der Türken, als seiner Schutzmacht, begeben hatte.

Auch hier harsche Kritik des Erzählers am Kirchenstaat, doch nicht allgemein, denn bei genauem Zusehen bieten «nur» Mönchtum und Sexualität Spielraum für interpretatorische Phantasie. Dieser Antikatholizismus ist streng selektiv. Sexualität wird einerseits verteufelt (bei Nicolo), fehlende Erotik anderseits löst Mitgefühl aus (für Elvire) – beides über Kreuz verknüpft, ergibt einen kunstvollen Knoten. In der wahrhaft herzrührenden symbolischen Kerngeschichte gewinnt das seine Tiefendimension: Die Rettung der kindlichen Elvire aus ihrem in Flammen aufgehenden Vaterhaus in der Handelshafenstadt Genua durch den Ritter Colino, den sie in seinem Siechtum drei Jahre begleitet, bis zu seinem Tode. Kehrt man die Lettern um, erhält man mit Nicolo das Gegenbild Colinos.

Väter und Söhne hat Kleist schon in den *Schroffensteinern* gezeichnet, aber bisher nie im antagonistischen Verhältnis. Ein Adoptivsohn, man denke an den Schluss des *Erdbebens*, wäre sogar als höhere Form von Sohnschaft zu werten. Eine Ehe zwischen gänzlich ungleichen Partnern, Piachi und Elvire, nur der Form halber geführt (immerhin übt Elvire das Amt der Hausherrin tatsächlich aus), ist in der Novellistik durchweg ein heiteres Thema, bei Kleist wird es verdüstert durch ein Bündnis der Phantasie, und das zwischen einem Toten und einer Lebenden, in Form permanenten seelischen Ehebruchs, wie Thomas Mann das genannt hat. Der jungen Frau wird ein kompliziertes Doppelleben aufgenötigt. Ihre bürgerliche Ehe enthält kein erotisches Element, doch dergleichen gehört auch schlechterdings nicht zu Kleists thematischem Repertoire, Erotik kann zur Ehe führen, deren Bestandteil ist sie allenfalls in der *Marquise*.

7. *Die heilige Cäcilie oder die Gewalt der Musik* ist, wie immer man sie werten mag, die rätselhafteste der Erzählungen Kleists. Entweder folgt sie einer eigenen Erzähllogik, oder sie ist fahrig und ohne Überzeugung gearbeitet. In den *Abendblättern* er-

schien am 15., 16. und 17. November 1810 eine erste Fassung
in drei Teilen, eine wesentlich ausgeführtere im II. Erzählungsband. Am 16. November fand die Haustaufe von Adam Müllers
Tochter Cäcilie (geb. 27. Oktober) statt. Schon am 7. November
hatte Arnim in die *Abendblätter* ein Distichon auf sie einrücken
lassen. Doch womit beginnt das alles? Der 22. November ist der
Tag der heiligen Cäcilie. Wünschte Müller seiner Tochter den
Namen Cäcilie zu geben und entschloss sich Kleist daraufhin,
endlich einmal als Dichter etwas zur Musik, die ihm doch seit je
so wichtig war, zu sagen? Oder verfügte er nicht über die Mittel
für ein «Taufangebinde»? Oder wusste Müller von einem Plan
Kleists zu der Erzählung und gab der Neugeborenen daraufhin
diesen Namen?

In einem Brief an Marie von Kleist (vielleicht Sommer 1811,
Datierung nicht sicher) hat Kleist gesagt, er habe «von einer frühesten Jugend an, alles Allg[em]eine, was ich über die Dichtkunst gedacht habe, auf Töne bezogen. Ich glaube, d[a]ß im
Generalbaß die wichtigsten Aufschlüße über die Dichtkunst
enthalten sind [...]». Als junger Soldat gehörte Kleist einem Bläserquartett als Klarinettist an, später ist jedoch von Musikaus-
übung nicht mehr die Rede. Rühle, bei der Garde zwei Jahre
nach ihm enrolliert, soll als Fagottist sogar solistisch konzertiert
haben. Welche Instrumente Carl von Gleißenberg und Hartmann von Schlotheim spielten, ist nicht überliefert. So weiß
man nicht, was die jungen Leute unter «Musik» verstanden.
Die Oberhofmeisterin Gräfin von Voß erzählt einmal, dass von
Offizieren der Garde ein Quartett unter einem Kapitän [!] von
Kleist bei einem Fest viel Freude bereitet habe – in Bergmanns-
tracht. Was derart Kostümierte gespielt haben, Tänze oder
Märsche und dergleichen oder eines der überaus beliebten Ar-
rangements erfolgreicher Opern, gleich dem vielleicht von Mozart selber stammenden des *Figaro*? Diese und andere Aussagen
über Musik sind nicht recht zu deuten. Goethe, der sich über
Kleists Bemerkung zum *Zerbrochnen Krug*, «dieses kleine, vor
mehrern Jahren zusammengesetzte, Lustspiel» alterierte, sah
nicht, dass das eine Übersetzung von «komponierte» war. «Generalbaß» konnte damals Harmonielehre bedeuten, doch wür-

de man damit ein bloßes Wort gegen ein anderes austauschen. Den Generalbaß kennzeichnet die fixierte, unabänderliche Grundlinie einer Komposition und in Relation dazu variative, improvisatorische Elemente. In den Grenzen der Harmonielehre hat der Ausführende die Situation oder eine Person oder Anderes produktiv weiter zu entwickeln, eine Kunst, die unterrichtet und erlernt wurde. In dieser Richtung fände Kleists Bemerkung eine Erklärung.

«Gewalt» hatte in dieser Zeit eine weitgespannte Bedeutung, die heute im Sinne des modernen Strafrechts verengt ist. John Drydens Ode *Alexander's Feast; or The Power of Music*, 1697 im Druck erschienen, hatte Georg Friedrich Händel 1735/36 komponiert. In seiner Übersetzung (*Oden* 1767) behielt Karl Wilhelm Ramler «Gewalt» wörtlich bei. Das tat auch Mozart, als er 1790 Händels «musical Drama» für die Wiener Privataufführungen des Barons van Swieten bearbeitete (KV 592). Händels Titel trägt den Zusatz *Ode in Honour of St. Cecilia*. Das Werk gehörte zu den beliebtesten Kompositionen Händels, traditionell wurde es am Cäcilien-Tag gegeben. Als selbstverständlich vorauszusetzen ist, dass sowohl Adam Müller, der 1805 konvertiert war (was nur wenige wussten), wie Kleist einen Begriff von Händels oft in gigantischen Besetzungen aufgeführter Komposition hatten.

Die knappere Version der *Cäcilie*, in den *Berliner Abendblättern*, erschien mit zweifachem Titelzusatz, einmal *Eine Legende*, außerdem *Zum Taufangebinde für Cäcilie* M[üller]. Der Kreis der Paten war hochgegriffen, u.a. Arnim, Friedrich von Pfuel, Carl Ferdinand Langhans, Fürst Lobkowitz und Baron Buol (beide vertreten), Elisabeth von Staegemann, Kunigunde («Gundel») von Savigny, Henriette Vogel, ihr erstes bezeugtes Zusammentreffen mit Kleist. Eine wesentlich längere Version der Erzählung erschien im II. Band der *Erzählungen*. Kleists «situationell» zu nennende Erzähllogik erreicht in der *Cäcilie* ihren extremsten Grad.

Zeit der Handlung: Spätphase der Reformation, mit regionaler Radikalisierung, nämlich Übergang zu Gewalttätigkeit, Bildersturm. In die Handlung spielen hinein Wittenberg, Antwerpen, Hauptort des Geschehens ist Aachen. Auslösend für das Geschehen ist eine Erbschaft, die eingangs einmal erwähnt, dann aber vollständig vergessen wird. Ein Widerspruch in sich ist eine kirchliche Messfeier am Fronleichnamstag, die mit einer Prozession außerhalb des Kirchengebäudes begangen wird. Die Äbtissin hatte die Aufführung einer «uralten» Messe angeordnet. Vom 16. Jahrhundert aus gesagt, müsste das in die Zeit von Dufay, Ockeghem, Josquin, also ins 15. Jahrhundert verweisen. Die kannte aber ebenso wenig orchesterbegleitete Messkompositionen, schon gar nicht mit dem von Kleist genannten modernen Instrumentarium, wie die sehr wahrscheinlich gemeinte Palestrina-Zeit. Das hier angeführte *Salve regina* könnte das *Offertorium* des Ordinarium missae sein. Auf die prachtvolle Wirkung der großangelegten Partitur legt Kleist Wert. Der dafür unerlässliche Chor existiert aber in der Erzählung nicht. Konzediert man solche Lizenzen, dann bewegt sich Kleist hier in den Anfängen des Cäcilianismus. Herders grundlegende *Cäcilia* war 1793 erschienen, und Carl Friedrich Zelters Berliner Liedertafel studierte zu Kleists Zeit seltene und anspruchsvolle Chorwerke der Palestrina-Zeit.

Im Mittelpunkt des Geschehens steht ein Wunder, das nur im Glauben zu erfahren ist, daher «Legende». Es ist ein Stellvertretungswunder. Die Kapellmeisterin, ohne die das Oratorium nicht aufgeführt werden konnte, lag, an einem Nervenfieber erkrankt, «ihrer Glieder gänzlich unmächtig im Winkel ihrer Klosterzelle» (311) und verstarb bald darauf. Niemand wisse, so die Äbtissin, «wer eigentlich das Werk [...], ruhig auf dem Sitz der Orgel dirigiert habe». Erzbischof und Papst bestätigten, die heilige Cäcilie selbst habe dieses zu gleicher Zeit schreckliche und herrliche Wunder vollbracht.

Natürlich sucht man Interpretationshilfe in der Bildkunst, mit zweifelhaftem Erfolg. Unter den Darstellungen der Heiligen gibt es außerordentliche Berühmtheiten. In Kleists Fall käme am ehesten die Kopie von Dionysius Calvaert nach Raffael in Dresden in Betracht und natürlich das Original, das Kleist im Rahmen des napoleonischen Kunstraubs in Paris gesehen haben muss. Diese Version geht jedoch von der Grundform der Cäcilienlegende aus, mit zerbrochenen Musikinstrumenten, Blick der Heiligen gen Himmel gerichtet. Als Orgelspielerin stellt Carlo Dolci die Heilige dar, das Bild befand sich in Dresden, Cäcilia spielt aber für sich allein, sie dirigiert nicht. Das Stellvertretungswunder zeigt einzig eine Zeichnung von Friedrich Tieck, in der Größe eines Tafelbildes (460x360). Sie ist datiert 1804, auch ein Entwurf ist erhalten (beides in Privatbesitz). Eine Brükke zwischen Kleist und Friedrich Tieck konnte bisher nicht gefunden werden, persönliche Begegnung wäre an mehreren Orten möglich gewesen. Am Boden rechts liegend eine krampfartig verzerrte weibliche Gestalt, links schräg über ihr eine größer dimensionierte Frau, antikisierend gekleidet, am Spieltisch einer Orgel, etwa in Höhe des Brustwerks der Orgel eine Gruppe von drei aufrecht stehenden engelartigen Figuren. Auf einem Pult eine aufgeschlagene Partitur im Hochformat, also tatsächlich aus älterer Zeit.

Wesentlich ausführlicher ist Kleists Buchfassung. Auch hier zunächst die Vorbereitung einer «Bilderstürmerei» als unterhaltsames Schauspiel, unterstützt von jungen Kaufmannssöhnen und Studenten (Aachen hatte freilich keine Universität). In der Langfassung macht die Mutter der seit sechs Jahren Verschwundenen ihre Söhne im Irrenhaus der Stadt ausfindig. Sie erhält von einem der Mitbeteiligten, einem inzwischen (schon nach sechs Jahren?) «berühmten Tuchhändler der Stadt», einen Bericht über die Vorgänge im Dom. Die vier Aufrührer waren «Einer nach dem Andern, auf's Knie gesunken und hatten zu beten begonnen». Allnächtlich zur Mitternacht stimmen die Wahnsinnigen «mit einer entsetzlichen und grausamen Stimme» (303) das *Gloria in excelsis* an. Drei Tage darauf ein drittes Testimonium. Die Mutter wird zu der Äbtissin gebeten, «betrachtete die unbekannten zauberischen Zeichen» der mit dem *Gloria in excelsis* aufgeschlagenen Partitur. Man kommt nicht so recht vorbei an der Identifikation von geistiger Zerrüttung und Rückfall in den Katholizismus. In katholischer Umgebung ein Patengeschenk von dubiosem Wert. Erzählt wird der musikalisch-katholisierende Wahnsinn von einem avancierten Schriftsteller, dessen bis dahin verfasste Texte vielfach antiklerikal geprägt waren.

8. *Der Zweikampf* beschließt den Band *Erzählungen. Zweiter Theil*. In diesem Werk hat, in dem bereits mehrfach angezeigten Sinne, so gut wie alles den Anschein von Tatsächlichkeit, aber alles ist freie Erfindung des Autors. Das sind kontradiktorische Bedingungen. Gegenüber der *Cäcilien*-Erzählung liegt hier die Zeit der Handlung bedeutend früher. Galt jene der – etwas zweifelhaften – Wiederherstellung des alten Glaubens, übrigens mit klar markierter Endlinie in Gestalt eines Artikels zur Säkularisation dieses Klosters im Westfälischen Frieden, so wird diese, die im späten Mittelalter zu leben scheint, von Anomalien durchzogen, die aus jüngerer Zeit stammen. Wollte man den Text als eine historische Erzählung auffassen, müsste man einige sachliche und stilistische Brüche in ihrem Kolorit als unpassend einschätzen. Der Eindruck mangelnder Logik an der Textoberfläche hat Kleists letztem Erzählkunstwerk nicht viele Freunde verschafft, und von den wenigen Interpreten haben sich zum Überfluss einige bezeichnenderweise zu dem Begriff Ironie geflüchtet.

Unter Zweikampf verstand man seit alters ein Duell, ein Standesprivileg des Adels, das über viele Jahrhunderte hin allen Versuchen der Herrscher zu seiner Abschaffung getrotzt hatte, obwohl es an Zweifeln über seine Aussagekraft nicht fehlte. Die Umgebung, in der Kleist lebte, tendierte in starkem Maße dazu, mittelalterliche Elemente in Staat und Gesellschaft zu bewahren. So las man es in Adam Müllers *Elementen der Staatskunst* (1809), die Kleist mit hoher Emphase als zukunftweisend pries (an Fouqué, 25. April 1811). Kleist beteiligt sich mit seiner Erzählung an einer Vergegenwärtigung überlieferter alter Formen des Rechtslebens. Der gemeinte Zweikampf ist ein Rechtsinstitut, wobei Kleist modernisierend von einer schriftlichen Fixierung, die schwerlich je existiert hat, ausgeht. Künftig solle in der Auslegung des Ordals auch berücksichtigt werden, was nicht unmittelbar auf den Kampf bezogen ist. Das Gottesurteil in Kleists Erzählung besteht in der Genesung Friedrichs und dem Hinwegsterben des Grafen durch das Wuchern seiner im Kampf erhaltenen Wunde, die zunächst harmlos erschien.

Ein kühner Anachronismus ist die im Urteil vorgesehene Hinrichtung des Unterlegenen auf dem Scheiterhaufen, denn das war eine Strafe für Ketzer und Hexen. Dass die Mitbetroffene, Littegarde, «innerhalb der Schranken» ihren Platz hat und auch noch die Mutter und die Schwestern ihres Beistandes dorthin einlädt, wäre nie zulässig gewesen. Historisch unglaubhaft ist die Existenz von Schlossbauten mit mehreren Flügeln und einem Park anstatt der notwendigen Befestigungsanlagen. Der seltsame Name Bréda ist der des ersten Herrn Toussaint Louvertures auf Haiti. Die Höhe der geforderten Bürgschaft «von 20 000 Mark Silbers» liegt jenseits aller denkbaren Realität. Von den zwei Gegenständen, die Friedrich dem Grafen Jacob dem Rotbart vor die Füße geworfen hat, nimmt dieser nur den Handschuh auf. Was geschieht mit dem verleumderischen Brief der Brüder Littegardes?

In diesem Rechtsverfahren spielen, anders als im Mittelalter, vielfach «Papiere» eine Rolle: Der Kämmerer wird «in Akten versenkt» angetroffen, und die Herzogin schickt dem Kaiser «sämtliche über den Vorfall lautende Aktenstücke zu». Solches erzählerische Kolorit gehört in ein jüngeres Zeitalter. Was den Kämmerer einzig leitet, ist sein Gefühl, das aber entspricht dem Zeitalter Kleists. «In meiner Brust spricht eine Stimme für euch.» Die hier verwendete Sprache hat einen durchgehend archaisierend-gehobenen Tonfall, etwa «in mißgeschaffener Leidenschaft tobend», «durch den heiligen Ausspruch der Waffen», «Häscher [...] die [...] ihn in Verwahrsam nahmen». Es ist, als erblicke man Neogotik avant la lettre.

Die Erzählung ist nachhaltig erotisch unterlegt. Das wird markiert, wie in anderen Erzählungen Kleists, durch eine exemplarische Binnenerzählung, die Begebenheiten Rosaliens, der Kammerzofe (343,36–346,20), abrupt eingefügt: «Man muß nämlich wissen, daß [...].» Man könnte fast von einem Amalgam zweier Erzählungen sprechen: Auf der überaus kunstvoll formulierten ersten Seite wird der rätselhafte Mord an dem Herzog von Breisach erzählt, auf der letzten findet sich, sehr kurz, das Einbekenntnis des Schuldigen. Das Hauptinteresse zieht indes die Littegarde-Friedrich-Handlung auf sich. Sein standhaftes Ausfechten des Konflikts macht Friedrich von Trota zum Helden des Ganzen. Die Einrichtung des Zweikampfes ist damit nicht gänzlich in Zweifel gezogen, aber Zweifel führen dazu, dass man ihn zu den «gebrechlichen» Einrichtungen dieser Welt zählen muss.

9. Kleists Roman – das Bild dieses Dichters ist in vielerlei Weise ein Fragment geblieben, doch dies ist eine Leerstelle von beträchtlicher Größe, nicht einfach ihres Umfangs wegen, sondern weil die andere Gattung auch eine andere Welt anzeigt. Der Roman war auf zwei Bände angelegt. In einem seiner nicht datierten Geschäftsbilletts erkundigte sich Kleist bei Georg Andreas Reimer, ob dieser die Veröffentlichung zu akzeptablen Bedingungen übernehmen würde. Dessen Reaktion ist nicht bekannt. Ein Zeugnis enthält ein Brief Achims von Arnim an Savigny aus dem Dezember 1811, also nach Kleists Tod. Kleist habe ihm von einem Buch «in der Art wie die Manon Lecoult» [!] gesprochen. Im Wortlaut hängt damit zusammen ein Urteil Kleists über seine Schwester Ulrike, das den zentralen Charakterzug des Chevalier des Grieux in der *Manon Lescaut* des Abbé Prévost aufnimmt: «Sie hat, dünkt mich, die Kunst nicht verstanden sich aufzuopfern, ganz, für das was man liebt, in Grund und Boden zu gehn [...]» (an Marie von Kleist, 9. November 1811). In dem letzten seiner Briefe widerruft er das. Bei solchen Angaben, Querverbindungen mit Selbstzitaten zu und zwischen seinen Briefen, hat Kleist niemals bloße Absichtserklärungen abgegeben. Er muss etwa in der ersten Jahreshälfte 1811 mit der Arbeit an einem Roman befasst gewesen sein. Was die Zeitberechnung angeht, ist zu bedenken, dass Kleist in einer nicht lückenlos aufzuklärenden zermürbenden Streitsache mit Friedrich von Raumer, damals Regierungsrat und engster Mitarbeiter Hardenbergs, von Dezember 1810 bis in den Herbst 1811 hinein unendlich viel Kraft opferte. In dieser ganzen Phase befand sich Kleist beständig auf der Verliererseite und das gegenüber den Spitzen der Staatsmacht. Selbst der König und sein Bruder, Prinz Wilhelm, dessen Gattin, die Prinzessin Marie Anne, geb. von Hessen-Homburg, der Kleist den *Homburg* zu widmen gedachte, wurden involviert. Die Auseinandersetzung bestimmte schließlich auch den Untergang der *Berliner Abendblätter*.

VII. Das letzte Jahr

Im Sommer 1811 vereinsamte Kleist. Er war mittellos, seine äußere Erscheinung «ein Bild der Dürftigkeit». Seine Familie ließ ihn fallen. Seine engsten Freunde lebten weit entfernt. Adam Müller war nach Wien gegangen, Kleist hat das als Verlust sehr beklagt (Briefe an Marie von Kleist, Juli/August 1811). Es hätte ihn retten können, dass Dahlmann, nunmehr Professor in Kiel, ihn einlud, mit ihm zusammen zu leben. Der Brief hat Kleist nicht erreicht. Im Nachhinein machte mancher sich Vorwürfe, dass er sich Kleist nicht zugewandt hatte. Dass Kleist 1811 einen orientierungslosen Eindruck erweckt, könnte freilich auch mit an der Dichte der aus dieser Zeit erhaltenen Nachrichten über ihn liegen. Wer weiß, ob seine Lage nicht seit Jahren eine ähnliche gewesen ist.

Wie stand der scheiternde Kleist im Vergleich mit seinen hochbegabten engsten Freunden aus der Jugendzeit da? Die Wege Kleists, Rühles, Pfuels hatten sich 1809 in Dresden getrennt. Stichworte zu Pfuels weiterem Lebensgang: zeitweilig in österreichischen Diensten, dann in sächsischen, schließlich im Stabe Blüchers. 1815 Kommandant von Paris, 1831 Gouverneur von Neuenburg, 1832 Generalleutnant, 1848 preußischer Ministerpräsident. Zuletzt als Abgeordneter der Liberalen im Landtag, gestorben 1866. Pfuel hat das Schwimmen in die militärische Ausbildung eingeführt – man halte dem die phantasiegeborene Schilderung der schwimmenden und tauchenden Bauernbraut in Kleists *Idylle* von 1808 entgegen. – Stichworte zu Rühle: kam wie Kleist aus der Garde, imponierendes wissenschaftliches Œuvre auf verschiedensten Gebieten, Ehrendoktor, Ehrenmitglied der Akademie der Wissenschaften, Generalstabschef, Leiter des gesamten Erziehungswesens der Armee, gestorben 1847. – Von allem Herkommen des Schwertadels wich Kleist radikal ab. Er existierte nur als Dichter. Wenn er gegenüber Ulrike andeutet, er werde vom König vielleicht «eine Compagnie erhalten» (September 1811), irrt er sich über sich selber.

Unter rein menschlichen Vorzeichen waren 1811 Frauen Kleists wichtigste Bezugspersonen. Frauen hinterließen damals nur in Ausnahmefällen Zeugnisse dokumentarischen Charakters, Akten oder dergleichen. Briefe hat Kleist kaum aufbewahrt. Zuerst zu nennen ist Henriette Vogel. Ärztliche Indiskretion wies auf eine unheilbare Erkrankung bei ihr hin, gegenteilige ärztliche Äußerung existiert aber gleichfalls. Was Kleist mit seiner Todesgefährtin verband, lässt sich nur in *einem* Punkt benennen: ausgeprägtes Interesse an «alter» Kunst, auch von religiöser Schwärmerei ist die Rede. Zusammen erwähnt werden beide erstmals anlässlich der Taufe Cäcilie Müllers (16. November 1810), sie müssen sich aber schon länger gekannt haben. Verbunden hat sie «gemeinschaftliche Liebe zur Musik», sagt Eduard von Bülow, der Vater des Dirigenten. Sie hätten «ganze Abend am Fortepiano gesessen, und geistliche Choräle gespielt, und zusammen gesungen», berichtet Ernst Friedrich Peguilhen, «vorzüglich alte Psalmen», präzisierte Bülow. Das müsste sich auf die zahlreichen Ausgaben des Hugenottenpsalters, zumeist in der deutschen «Bereimung», wie es im Titel heißt, Ambrosius Lobwassers beziehen (erstmals gedruckt 1573). In der künstlerischen Tendenz stimmt damit überein Kleists Bitte an Reimer um ein Ansichtsexemplar des gerade bei Cotta erschienenen monumentalen zweibändigen Tafelwerks der Brüder Friedrich und Christian Riepenhausen über Cimabue, Giotto, Guido da Siena, *Geschichte der Mahlerei in Italien*. Der religiösen Malerei hatte immer schon ein Hauptinteresse Kleists gegolten, doch solcher aus jüngerer Zeit, Raffael, Correggio, Guido Reni, Simon Vouet, Eustache Le Sueur. Nun öffnet sich für ihn eine neue Phase des Romantizismus. Die Epoche der Lukasbruderschaft in Rom war angebrochen, die Riepenhausen nannten sich fortan Franz und Johannes. Der kenntnisreiche Friedrich von Cölln zitierte Kleist: «der tiefe Sinn der Apokalypse scheine dem Zeitgeist zu entsprechen». (LS 470)

Dass es gewagt ist, eine Biographie Kleists zu gestalten, wird schlagend daran klar, dass es über die ihn bestimmende familiäre Bezugsperson so gut wie keine Zeugnisse gibt, dass sie namentlich Kleists Freunden gänzlich fern stand. Ulrike von Kleist hat mehrfach mit dem Bruder zusammen gewohnt, davon spricht stets nur er. Schriftlichkeit war ihr fremd. Sie hat mit ihrem Bruder Reisen unternommen, die sie finanzierte, die sie ohne männliche Begleitung nicht hätte ausführen können. Einmal flog das Incognito auf. Der blinde Flötenvirtuose Friedrich Ludwig Dulon, ein Künstler europäischen Ranges, redete sie in Paris mit «Madame» an, die Geschwister flüchteten. Entschlusskraft, einer militärischen Führungspersönlichkeit würdig, unterschied sie von ihrem beständig in Zweifeln und Unentschlossenheiten verfangenen Bruder. Man gewinnt kein klareres Bild von ihr, zumal sie viel Zeit auf dem Lande bei Verwandten verbrachte, über die wir gleichfalls nichts wissen. Kleist hat ihr eine Leistung in Aussicht gestellt, die sich mit den Verdiensten dieser seit Jahrhunderten berühmten Familie messen könnte. Nach Ulrikes Maßstäben blieb ihr Bruder davon lebenslang weit entfernt.

Eine hohe Bedeutung für Kleists Lebensausrichtung kam der Königin zu, doch das beruhte auf einer Täuschung, derer Kleist sich wohl nie bewusst geworden ist. Nach der Niederlage von Jena und Auerstedt gibt es eine bewundernde Schilderung Kleists von Persönlichkeit und Leistung Luises (an Ulrike 6. Dezember 1806). Kleists Cousine Marie von Kleist, geb. von Gualtieri, hatte unter dem Vorwand einer indirekten Förderung durch die Königin jahrelang selber für finanzielle Abstützung seiner Existenz gesorgt, das aber bedeutete, auch seiner Dichtung. Ein gespenstischer Vorgang, auch gefährlich, denn sein Leben wie seine Dichtung waren durch diese wohlgemeinte Täuschung vorgesteuert. Eine regelmäßige Zahlung, sei es auch aus der Privatschatulle, konnte von dem Empfänger nur als Auszeichnung aufgefasst werden. Kleist musste sich als Dichter in geheimem Einklang mit leitenden Mächten des Vaterlandes glauben. Natürlich hat er von dem Riss gewusst, der durch das Königshaus und die darin führende Personengruppe verlief. Von den Mitgliedern der königlichen Familie zählten zu der militärisch-aktivistischen Kriegspartei außer der Königin selbst ihre Schwägerinnen, die Prinzessin Marie Anne und die Prinzessin Louise Friederike Radziwill. Wie diese dachte auch Kleist. Diese Gruppierung befand sich während Kleists letzter Lebensphase in der Defensive.

Dass Kleist die Förderung als offiziös auffasste, zeigte sich nach dem Tod der Königin, weil er dem Ausbleiben der Zahlungen nachfragte, zu denen sich natürlich kein Beleg fand. Von diesem Zeitpunkt an waren Marie von Kleist die Hände gebunden. Wenn sie sich dem Dichter offenbart hätte, dann hätte sie das Gebäude seiner Selbstauffassung zum Einsturz bringen und manchen seiner Dichtungen die Legitimation entziehen können. Nach Luises Tod empfahl Marie den Vetter mit Emphase und zunächst mit Erfolg dem König zu unmittelbarer Verwendung. Dem Menschen Kleist half das nicht, weil die unabdingbare Voraussetzung, der Kriegsfall, nicht eintrat. Wäre der Krieg aber ausgebrochen, dann hätte er sich, als Schritt ins praktische Leben, dem Dichtertum Kleists in den Weg gestellt. In welchem Maße dieser Dichter am Ende seines Lebens seine Hoffnungen in die Monarchie setzte, spielt weder in der wissenschaftlichen Deutung noch in der durch das Theater eine nennenswerte Rolle. Hat das tödliche Niederbrechen Kleists im November 1811 etwas mit diesem hochkomplizierten Gewebe aus Überzeugung und Desillusionierung zu tun?

Am Beginn der letzten Phase des dichterischen Lebenswegs Kleists stehen drei Gedichte. Am 19. März 1810 kündigt Kleist seiner Schwester an: «Ich habe der Königinn, an ihrem Geburtstag, ein Gedicht überreicht, das sie, vor den Augen des ganzen Hofes, zu Thränen gerührt hat; ich kann ihrer Gnade, und ihres guten Willens, etwas für mich zu thun, gewiß sein.» Das Gedicht existiert in drei verschiedenen Versionen, eigentlich sind es drei Gedichte, von denen nur eines gemeint sein kann. Kleist sucht Ulrike in seine Nähe zu ziehen und in seine Bestrebungen einzuspannen, im Umkreis des Hofes («ich glaube es ist eine Hofcharge») unterzukommen. So weltfremd, wie man ihn sich vielfach denkt, zeigt sich Kleist hier nicht. In den Häusern, das heißt bei den Damen, die den Häusern vorstanden, hätte Ulrike vieles informell und auf kurzem Wege zur Sprache bringen können. Die Beamten, an die Kleist da dachte, waren beide in unterschiedlicher Weise in die bedrängte, schwankende Lage der Regierung verflochten: August von Staegemann, der unter Hardenberg Staatsrat wurde, übrigens selbst dichtete und publizierte, und Karl Freiherr vom Stein zum Altenstein, bis Juni 1810 Finanzminister, dann durch Hardenberg abgelöst. Kleists dreifältige Geburtstagshommage an die Königin ist auf verschiedene Anlässe berechnet – Gelegenheitsdichtung im prägnanten Wortsinne. Hinter oder neben dem Dichter Kleist taucht der Schatten einer Persönlichkeit auf, die seinen Auftritt im Umkreis des Hofes mit vorbedacht haben muss. Vermutungsweise ließe sich hier einmal mehr von Marie von Kleist sprechen.

Das herkömmlich an erster Stelle gedruckte Drei-Stanzen-Gedicht «Die Glocke ruft» steht am deutlichsten für sich: eine Apotheose der Gefeierten, in einem kirchlichen Raum, im Krönungsgestus. Die Neutralität der Sprechhaltung lässt auf unpersönliche Verbreitung schließen, denkbare Präsentationsform: ein Einzelblattdruck, etwa zur Verteilung aus Anlass eines Gottesdienstes bestimmt. Für eine unmittelbare Überreichung an die Adressatin wäre dieser Text nicht geeignet gewesen. – Die zweite Fassung, 35 Blankverse, die mit «Du, die das Unglück mit der Grazie Schritten,» beginnen, enthalten zwar einen Huldigungsgestus in der Konstellation eines Knienden vor der in eine Glorie gefassten Königin, doch wäre der Text für eine unmittelbare Aufnahme bei einem konkreten höfischen Anlass bei weitem zu lang, die Zeit wäre dafür zu knapp gewesen. Die Bildlichkeit zeigt durchgehend religiösen Charakter.

Dieser fehlt gänzlich in der kürzesten, das ist die Sonett-Version. Einzig sie war für den konkreten Gestus einer persönlichen Übergabe unter zeitlichen und zeremoniellen Zwängen des höfischen Festes, von dem Kleist ja auch spricht, geeignet. In seiner Konzentration auf den Bildbereich von Krieg und Niederlage leistet das Gedicht ein Äußerstes an poetischer Ökonomie und situationsangemessener Zielgerichtetheit der Widmung. Als Sonett ein singulärer Fall in der Dichtung Kleists, der sich den Anforderungen vorgeprägter Formschemata so gut wie ausnahmslos verweigerte. Wenn man den außerordentlichen Rang dieses

Gedichts erwägt, kommt eine Ahnung davon auf, welche Wirkung Kleist in seiner Epoche und daraufhin in der Nachwelt hätte erreichen können, hätte er, wie alle Dichter seiner Zeit, die Stil- und Gattungserwartungen der Tradition erfüllt. Kleist muss wohl geglaubt haben, dass er sich in Themen, Formen und Stil Autarkie gestatten konnte. Diese lyrische Preziose ist Zweckdichtung, nicht aus poetischer Autonomie geboren, sondern aus einer Wirkungsabsicht heraus.

Zu erwähnen ist aus dieser Zeit natürlich *Prinz Friedrich von Homburg*, sei es in Mahnung und Kritik oder in Zweifel und Warnung unzweifelhaft dem Königshaus zugewandt. Der Autor schreibt als ein Sänger-Dichter, der neben den Königen steht und ihnen Rat gibt. Die konkrete Bühne, an die er dachte, das Privattheater im Radziwillschen Palais, weist zwar auch auf das Königshaus, doch wirklichkeitsfern. Friedrich Wilhelm III. selbst hätte gewiss niemand als für Poesie empfänglich gehalten. Kleist hat sich in seinen Absichten vergriffen. Weder wollte dieser König überhaupt poetische Ratschläge empfangen noch gar in der Vermittlung durch diejenigen Personen seiner familiären Umgebung, die ihn schon jahrelang bei Themen dieser Art in Unruhe gehalten hatten.

Dieses Dichterleben begann mit einem Fragezeichen. Da ging es um das Datum der Geburt oder um die wahre Geburt. Es endete mit einer Frage, der gegenüber kein Kriminalist eine Chance hätte. Wie standen Heinrich und seine Cousine Marie von Kleist zueinander, die sich seit Kleists Potsdamer Zeit kannten? Sie war der einzige Mensch, der bisweilen Einblick in das erhielt, was Kleist über seine Dichtungen dachte, gelegentlich sandte er ihr auch Manuskripte aus einem Frühstadium ihrer Entstehung. Sie war seine wichtigste literarische Bezugsperson. Beider Briefwechsel war intensiv, am 31. Dezember 1806 schreibt Kleist an Ulrike: «ich schicke Briefe ohne Ende an sie ab». Gegenbriefe haben sich nicht erhalten. Bis auf einen einzigen sind Kleists Briefe nur in Abschriften überliefert, fehlerhafte Auszüge, deren Datierung nicht immer zu sichern ist.

Die Todesart, die Kleist gewählt hat, Mord und Selbstmord oder Doppelselbstmord, ist nicht leicht zu beschreiben, geschweige denn zu erklären. Die Gründe für Henriette Vogels Todeswunsch sind objektiv nicht zu benennen, ausgenommen, dass sie des Glaubens war, unheilbar krank zu sein. Kleist selbst hat im Laufe seines Lebens wiederholt nach einem Partner, stets aus seinem engeren Freundeskreis, gesucht, der sich zu einem gemeinschaftlichen Tod hätte entschließen können. Von einem Selbstmord ließe sich unter dieser Bedingung nicht sprechen, denn derjenige, der den Gefährten tötete, musste daraufhin Hand an sich selber legen. Kleist blieb in seinem Tod allein. Am Schluss seines letzten Briefes an die Schwester, der in großzügigen, freien Schriftzügen beginnt und zunehmend ins Enge verläuft, findet sich, nachträglich hineingedrängt, eine sonderbare, je länger man sie überdenkt, immer beklemmender wirkende Wendung, ein «d.», dann ein waagrechter Strich, dann die Worte «am Morgen meines Todes.» Das ist keine realzeitliche Angabe. Erneut, wie schon bei «Geburtstag» ein Jahrzehnt zuvor (vgl. oben S. 9 f.), wird man einen spirituellen, mit dem Fachwort pneumatischen Doppelsinn erwägen. Der berühmteste der Choräle des gelehrten Kenners jüdischer Mystik, Christian Knorr von Rosenroth, «Morgen-Glantz der Ewigkeit, Licht vom unerschöpften Lichte» könnte hier anklingen. Er ist, in über vierzig Sprachen übersetzt, bis heute lebendig geblieben.

Zu der Einsamkeit, in der Kleist zugrunde ging, hat Rahel Levin (Robert seit ihrer Taufe) das klarste Wort gefunden (an Alexander von der Marwitz, 23. November 1811): «Wir müssen hoffen auf die göttliche Güte, und die sollte grade nach einem Pistolenschuss ihr Ende erreicht haben? Unglück aller Art dürfte mich berühren? Jeden Abend Fieber. Jedem Klotz, jedem Dachstein, jeder Ungeschicklichkeit sollte es erlaubt sein, nur mir nicht? Siech auf kranken und Unglückslagern sollt' ich müssen, und wenn es hoch und schön kommt, zu achtzig Jahren ein glücklicher imbécile werden, und wenn dreißig schon mich ekelhaft deteriorieren? Ich freue mich, daß mein edler Freund – denn Freund ruf' ich ihm bitter und mit Tränen nach – das Unwürdige nicht duldete; gelitten hat er genug.»

Zeittafel

1777 18. Oktober (s. auch S. 9 f.): Bernd Heinrich Wilhelm v. Kleist in Frankfurt/O. geboren, ältester Sohn Joachim Friedrichs v. K. (1728–88) und Juliane Ulrikes v. K., geb. v. Pannwitz (1746–93). Aus erster Ehe des Vaters, mit Caroline Louise v. Wulffen (1755–74), stammten Kleists Halbschwestern Wilhelmine (1772–1817) und Ulrike (1774–1849). In der zweiten Ehe des Vaters wurden die Schwestern Friederike (1775), Auguste (1776), der Bruder Leopold (1780–1837) und die jüngste Schwester Juliane (1784) geboren. – Seit Anfang der achtziger Jahre Privatunterricht bei dem Theologiestudenten Christian Ernst Martini.

1788 Im ersten Halbjahr zusammen mit den Vettern v. Pannwitz und v. Schönfeldt in Pension bei dem reformierten Berliner Prediger Samuel-Henri Catel, Unterricht durch dessen Schwager Frédéric Guillaume Hauchecorne. – 18. Juni: Tod des Vaters.

1792 18. Mai: Eintritt in das Regiment Garde zu Fuß, 3. Bataillon, als Gefreiterkorporal. – 20. Juni: Konfirmation.

1793 3. Februar: Tod der Mutter. – Ab März Teilnahme am Rheinfeldzug.

1794 28. Januar: Portepée-Fähnrich.

1795 Rückmarsch des Regiments nach Potsdam. 15. März: Besuch der Kasseler Gemäldesammlungen. – 14. Mai: Ernennung zum Wirklichen Fähnrich. – Otto August Rühle v. Lilienstern (1780–1847) tritt in Kleists Batallion ein.

1796 Im Sommer u. a. mit Ulrike Reise nach Rügen. – Bekanntschaft mit Ludwig v. Brockes.

1797 7. März: Sekondleutnant. – Ernst v. Pfuel (1779–1866) als Fähnrich nach Potsdam versetzt. – Das Kleistsche Gut Guhrow bei Cottbus wird verkauft.

1798 Für die Potsdamer Jahre (1795–99) verstreute Nachrichten über eigene wissenschaftliche Studien, u. a. Philosophie und Mathematik. Musikalische Betätigung (Bläserquartett). – Ausflug in den Harz. – Neigung zu Louise v. Linckersdorf.

1799 4. April: Von Kleist erbetener Abschied vom Militär bewilligt. – Immatrikulation an der Universität Frankfurt/O. als «der Rechte Beflissener». – Gemeinsam mit Ulrike, Leopold und Freunden Reise ins

Riesengebirge, Wanderung zur Hampelbaude und auf den Gipfel der Schneekoppe.

1800 April oder Mai: Verlobung mit Wilhelmine v. Zenge. – Im Sommer Abbruch des Studiums nach drei Semestern. Planung einer Reise mit Ludwig v. Brockes. In der Vorbereitungsphase Unterredung mit Christian Kunth. – 28. August–27. Oktober: Gemeinsam mit Brockes Reise mit unbekanntem Zweck. Selbsterprobung auf Eignung zum Schriftsteller war zumindest mit im Spiel. – 3. Dezember: Hospitant bei den Sitzungen der «Technischen Deputation». – Gegenüber der Braut wie der Schwester Ulrike artikuliert Kleist seine Ablehnung des Staatsdienstes.

1801 Januar/Februar: Berlin. – Etwa März Lebenskrise, von Kleist als Erschütterung durch die kritische Philosophie Kants dargestellt. – 15. April–Ende November: «Parisreise» mit Ulrike. Zunächst bis ca. 15. Mai in Dresden, Studium der Gemäldegalerie. In Paris u. a. Studium der Museen und der Schätze des napoleonischen Kunstraubes. – Ab 27. Dezember: Kleist in Bern.

1802 In Bern literarischer Kreis: Heinrich Zschokke, Ludwig Wieland, Heinrich Geßner. – Kleist nimmt ab April Wohnung auf der Delosea-Insel in Thun. – 20. Mai: Kleist löst das Verlöbnis mit Wilhelmine v. Zenge. – Ulrike holt ihren Bruder, der sich als krank und mittellos beschrieben hatte, aus Bern. Beide nehmen Mitte Oktober Ludwig Wieland, der ausgewiesen worden war, nach Weimar mit. Kleists Aufenthalt dort ca. zwei Monate.

1803 Januar/Februar: Kleist wohnt in Oßmannstedt bei Christoph Martin Wieland. Nähere Beziehung zu Luise Wieland. – Ende Februar nach Leipzig. – April–Juli: Dresden. – Mit Pfuel auf dessen Einladung ab 20. Juli eine weitere Reise in die Schweiz. Mit Pfuel drei Wochen in Thun; gemeinsam weiter über Genf nach Paris. Der dortige Aufenthalt (Mitte Oktober–Ende Dezember) unterbrochen durch zwei erfolglose Versuche Kleists, in die französische Invasionsarmee gegen England aufgenommen zu werden. Der preußische Gesandte veranlasst Kleists Rückreise. Dieser gelangt zunächst bis Mainz zu dem Arzt Dr. Georg Wedekind.

1804 In der ersten Jahreshälfte dort in Behandlung. In dieser Zeit mehrere Besuche in Paris. – 9. Januar: Aufführung der *Familie Schroffenstein* in Graz. – Ab Mai in Berlin. Aussichten auf Übernahme in den diplomatischen Dienst (Madrid) oder in die Finanzverwaltung (Ansbach).

1805 Tätigkeit in Berlin (Finanzverwaltung) unter Karl vom Stein zum Altenstein, ab Mai in Königsberg bei der Kriegs- und Domänenkammer. Vorlesungen bei Christian Jacob Kraus. Kleist zeigt Interesse an

Reformpolitik (Gewerbe, Steuerwesen). – Ulrike zieht in eine Wohn- und Wirtschaftsgemeinschaft zu ihm (bis Frühjahr 1806).

1806 Auf Kleists Bitte sechsmonatige Beurlaubung. – 14. Oktober: Schlacht von Jena und Auerstedt, Niederlage Preußens.

1807 Zusammen mit drei verabschiedeten Offizieren (Pfuel, Schlotheim, Gleißenberg) nach Berlin, Pfuel zu Fouqués nach Nennhausen. Die anderen werden in die Festung Château de Joux im französischen Jura verbracht, im April nach Châlons-sur-Marne. Mitte Juli wird Kleist entlassen. – 31. August: Ankunft in Dresden. Hier Verkehr vor allem im Umkreis Christian Gottfried Körners. Neigung zu Julie Kunze, Pflegetochter Körners. – Herbst: Plan zu einer Buch- und Kunsthandlung («Phönix»). Versuch, den *Code Napoléon* zum Verlag zu erhalten. – Zusammen mit Adam Müller (1779–1829) und (in beratender Rolle) Rühle Gründung des Kunstjournals *Phöbus*. – Seit Oktober förderliche Verbindung mit dem österreichischen Hofsekretär und Dramatiker Heinrich Joseph v. Collin.

1808 23. Januar: Erstes Heft des *Phöbus* erscheint. – 2. März: Aufführung des *Zerbrochnen Krugs* in Weimar.

1809 Februar: Mit Heft 11/12 stellt der *Phöbus* sein Erscheinen ein. – 29. April: Zusammen mit Friedrich Christoph Dahlmann Besuch des Schlachtfelds von Aspern. 31. Mai: Rückkehr nach Prag. – Kleists Plan zu einer politischen Zeitschrift *Germania* wird von der österreichischen hohen Beamtenschaft empfohlen. – 14. Oktober: Friede von Schönbrunn. Gerücht, Kleist sei in Prag gestorben. – Über Kleist für etwa ein halbes Jahr (1809/10) nur wenige Nachrichten überliefert.

1810 4. Februar, Berlin: Kleist bezieht in der Mauerstraße 10 eine Wohnung. – 17. März: Erste Aufführung von *Das Käthchen von Heilbronn oder die Feuerprobe* am Theater an der Wien. – Kleist behauptet, Fürst Radziwill lasse *Prinz Friedrich von Homburg* auf seinem Privattheater aufführen. – 19. Juli: Tod der Königin Luise. – September: Plan, *Prinz Friedrich von Homburg* der Prinzessin Marie Anne zu widmen. – 1. Oktober: Erstes Erscheinen der von Kleist herausgegebenen Tageszeitung *Berliner Abendblätter*.

1811 30. März: Die *Berliner Abendblätter* werden eingestellt. – Ende Oktober: Letzter Besuch Kleists in Frankfurt/O., Demütigung durch Ulrike und eine weitere seiner Schwestern.
21. November: Kleist erschießt in übereinstimmender Abrede Henriette Vogel (geb. 1780) und sich selbst in der Nähe von Stimmings «Neuem Krug» am heute so bezeichneten Kleinen Wannsee.

Literaturhinweise

Angress, Ruth: s. unter Klüger.

Ayrault, Roger: La légende de Heinrich von Kleist. Un poète devant la critique. Paris 1934.

Baudissin: s. Molière.

Becker, Hans-Jürgen: Adoption – Verlöbnis – Ehe. Die zivilrechtliche Einbindung des Individuums bei Kleist. KJb 1993. 75–88.

Berger, Ernst: Der neue Amazonenkopf im Basler Antikenmuseum – ein Beitrag zur hellenistischen Achill-Penthesileagruppe. In: Gestalt und Geschichte. Festschrift Karl Schefold. Bern 1967. 61–75.

–: Art. Penthesilea. In: Lexicon Iconographicum Mythologiae Classicae. Bd. VII/1. Zürich u. a. 1994. 296–305.

Bisky, Jens: Kleist. Eine Biographie. Berlin 2007.

Börsch-Supan, Helmut: Berlin 1810. Bildende Kunst. Aufbruch unter dem Druck der Zeit. KJb 1987. 52–75.

Böschenstein, Bernhard: Kleist und Rousseau. KJb 1981/82. 145–156.

Boockmann, Hartmut: Mittelalterliches Recht bei Kleist. Ein Beitrag zum Verständnis des *Michael Kohlhaas*. KJb 1985. 84–108.

Brown, Hilda M: Heinrich von Kleist. The ambiguity of art and the necessity of form. Oxford 1998.

–: s. auch unter Samuel, Richard.

Bünemann, Richard: Robert Guiskard. 1015–1085. Ein Normanne erobert Süditalien. Köln u. a. 1997.

[Della Maria, Domenico:] Le prisonnier. Opéra en un Acte. Musique de Domenico della Maria. – Der Arrestant eine Oper in Einem Aufzug. Im Klavierauszug von Christian Friedrich Gottlieb Schwencke. Leipzig o. J.

Emde, Ruth B.: Selbstinszenierungen im Klassischen Weimar: Caroline Jagemann. 2 Bde. (durchpaginiert). Göttingen 2004.

Emig, Günther: Heinrich von Kleist. Bibliographie. Teil 1: bis 1990. Heilbronn 2007.

–: Heinrich von Kleist. Bibliographie. Teil 2: 2001–2005. Heilbronn 2009.

Genthe, Martha Krug: Heinrich von Kleist und Wilhelmine von Zenge. Journal of English and Germanic Philology 6. 1906/07. 432–445.

Geyer, Angelika: Penthesileas Schwestern. Amazonomachie als Thema antiker Kunst. KJb 1991. 124–154.

Hess, Günter: «Durch Adams Fall ist ganz verderbt…». Richter Adams Morgenlied. KJb 1993. 152–159.

Hölscher, Uvo: Gott und Gatte. Zum Hintergrund der *Amphitryon*-Komödie. KJb 1991. 109–123.

Hoffmann, Paul: Kleist in Paris. Berlin 1924.

Kanzog, Klaus: Edition und Engagement. 150 Jahre Editionsgeschichte der Werke und Briefe Heinrich von Kleists. 2 Bde. Erweiterte Neuausgabe. Heilbronn 2010 (zuerst 1979).

–: «Durch dich steigt mit neuem Zauber der Tanz in die Seele hinab». Zur Ode *Al celebre Pantomimo Francesco Clerico*. In: Heilbronner Kleist-Blätter 22. 2010. 107–114.

Kayßler, Friedrich: Gedanken zum Prinzen von Homburg. Jahrbuch der Kleist-Gesell-schaft 1933/37. 49–58.

Kiefner, Hans: Species facti. Geschichtserzählung bei Kleist und in Relationen bei preu-ßischen Kollegialbehörden um 1800. KJb 1988/89. 13–39.

Kloosterhuis, Jürgen und Sönke Neitze (Hg.): Krise, Reformen – und Militär. Preußen vor und nach der Katastrophe von 1806. Berlin 2009.

Klüger, Ruth: Freiheit, die ich meine: Fremdherrschaft in Kleists *Hermannsschlacht* und *Verlobung in St. Domingo*. In: Katastrophen. Über deutsche Literatur. Göttin-gen 1994. 133–162 (zuerst 1977 unter dem Namen Ruth Angress).

Kohlhäufl, Michael: Die Rede – ein dunkler Gesang? Kleists *Robert Guiskard* und die Deklamationstheorie um 1800. KJb 1996. 142–168.

Kreutzer, Hans Joachim: Die dichterische Entwicklung Heinrichs von Kleist. Untersu-chungen zu seinen Briefen und zu Chronologie und Aufbau seiner Werke. Neubear-beitete und mit einem Nachwort versehene Auflage. Heilbronn 2009 (zuerst 1968).

–: Über Gesellschaft und Geschichte im Werk Heinrichs von Kleist. KJb 1980. 34–72.

–: Über die Geschicke der Kleist-Handschriften und über Kleists Handschrift. KJb 1981/82. 66–85.

–: Die Utopie vom Vaterland. Kleists politische Dramen. Oxford German Studies 1991/92. 69–84.

–: Faust. Mythos und Musik. München 2003.

–: Paradoxe Zeitgenossenschaft: Kleist in seiner Epoche. Publications of the English Goethe Society 78. 2009. 3–10.

–: Kleist, (Bernd) Heinrich (Wilhelm) von. In: Killy Literaturlexikon. Autoren und Werke des deutschsprachigen Kulturraums. 2., vollständig überarbeitete Aufl. Bd. 6. Berlin, New York 2009. 460–470.

Lüderssen, Klaus: Recht als Verständigung unter Gleichen in Kleists *Prinz von Hom-burg* – ein aristokratisches oder ein demokratisches Prinzip? KJb 1985. 56–83.

Maier, Hans: Cäcilia unter den Deutschen: Herder, Goethe, Wackenroder, Kleist. In: Cäcilia. Essays zur Musik. Erweiterte Neuausgabe. Frankfurt/Main 1998. 11–35 (zuerst KJb 1994).

Meinel, Christoph: «des wunderlichen Wünsch seltsame Reduktion...». Christian Ernst Wünsch, Kleists unzeitgemäßer Zeitgenosse. KJb 1996. 1–32.

Molière's *Lustspiele* übersetzt von Wolf Grafen Baudissin, Bd. 4, Leipzig 1867.

Müller, Adam H.: Die Elemente der Staatskunst. Oeffentliche Vorlesungen vor Sr. Durchlaucht dem Prinzen Bernhard von Sachsen-Weimar und einer Versammlung von Staatsmännern und Diplomaten [...] gehalten. 3 Bde. Berlin 1809.

Müller-Seidel, Walter: Versehen und Erkennen. Eine Studie über Heinrich von Kleist. 3. Aufl. Köln und Graz 1971 (zuerst 1961).

Ohly, Friedrich: Die Zerreißung als Strafe für Liebesverrat in der Antike und im Alten Testament (1986). In: Ausgewählte und neue Schriften zur Literaturgeschichte und zur Bedeutungsforschung. Stuttgart u. a. 1995. 365–422.

–: Zur Goldenen Kette Homers (1990). In: ebd. 599–678.

Osterkamp, Ernst: Das Geschäft der Vereinigung. Über den Zusammenhang von bil-dender Kunst und Poesie im *Phöbus*. KJb 1990. 51–70.

Puschmann, Rosemarie: Heinrich von Kleists Cäcilien-Erzählung. Kunst- und literar-historische Recherchen. Bielefeld 1988.

Paret, Peter: Kleist and Clausewitz: A comparative sketch. In: Festschrift Eberhard Kessel. München 1982. 130–140.

–: The cognitive challenge of war. Prussia 1806. Princeton 2009.

Rainsford, Marcus: An historical account of the black empire of Hayti. London 1805.

Riedl, Peter Philipp: Jakobiner und Postrevolutionär. Der Arzt Georg Christian Wedekind. KJb 1996. 52–75.

Rolle, Renate: Amazonen in der archäologischen Realität. KJb 1986. 38–62.

Rühle von Lilienstern, Otto August: Reise mit der Armee im Jahre 1809. 3 Bde. Rudolstadt 1810.

General-Lieutenant Rühle von Lilienstern. Ein biographisches Denkmal. Beiheft zum Militär-Wochenblatt für die Monate Oktober, November und Dezember 1847. Berlin 1847.

Samuel, Richard: Heinrich von Kleist's participation in the political movements of the years 1805 to 1809. Diss. Cambridge 1938 [Mschr]. Deutsch von Wolfgang Barthel. Frankfurt/Oder 1995.

–: Kleists ‹Hermannsschlacht› und der Freiherr vom Stein. Jahrbuch der Deutschen Schillergesellschaft 5. 1961. 64–101. – Wiederabdruck in: Walter Müller-Seidel (Hg.): Heinrich von Kleist. Darmstadt 1967. 412–458.

–: Selected Writings. Edited in honour of his 65th birthday by D. R. Coverlid, J. Smit, H. Wiemann, C. Kooznetzoff. With a foreword by Walther H. Bruford. Melbourne 1965. (Darin Wiederabdruck von: Goethe – Napoleon – Heinrich von Kleist; Heinrich von Kleist und Karl Baron von Altenstein; Heinrich von Kleist und Neithardt von Gneisenau.)

– und Hilda M. Brown: Kleist's lost year and the quest for *Robert Guiskard*. Leamington Spa 1981.

Schmitt, Carl: Theorie des Partisanen. Zwischenbemerkungen zum Begriff des Politischen. Berlin 1963 (frühere Version 1932).

Schrader, Hans-Jürgen: «Denke Du wärest in das Schiff meines Glückes gestiegen». Widerrufene Rollenentwürfe in Kleists Briefen an die Braut. KJb 1983. 122–179.

–: Spuren Gottes in den Trümmern der Welt. Zur Bedeutung biblischer Bilder in Kleists *Erdbeben*. KJb 1991. 34–52.

Schröder, Jürgen: Kleists Novelle *Der Findling*. Ein Plädoyer für Nicolo. KJb 1985. 109–127.

Schubert, Ernst: Der Zweikampf. Ein mittelalterliches Ordal und seine Vergegenwärtigung bei Heinrich von Kleist. KJb 1988/89. 280–304.

Schulz, Gerhard: Kleist. Eine Biographie. München 2007.

Sembdner, Helmut: In Sachen Kleist. Beiträge zur Forschung. 2., vermehrte Aufl. München 1984 (zuerst 1974).

Staiger, Emil: Heinrich von Kleist. «Das Bettelweib von Locarno». Zum Problem des dramatischen Stils. Deutsche Vierteljahrsschrift für Literatur- und Geistesgeschichte 20. 1942. 1–16. (Ferner in: Meisterwerke deutscher Sprache aus dem neunzehnten Jahrhundert. 2. Aufl. Zürich 1948, 100–18; Walter Müller-Seidel (Hg.): Heinrich von Kleist. Darmstadt 1967. 113–29.)

Vierhaus, Rudolf: Heinrich von Kleist und die Krise des preußischen Staates um 1800. KJb 1980. 9–33.

Willms, Johannes: Napoleon. Eine Biographie. München 2005.

Ziolkowski, Theodore: Dresdner Romantik. Politik und Harmonie. Heidelberg 2010.

Personenregister